全域旅游创新模式研究 丛书　戴学锋◎主编

全域旅游的花溪发展模式研究

马聪玲 ◎ 著

中国旅游出版社

《全域旅游创新模式研究丛书》序

1978 年十一届三中全会拉开了中国改革开放的大幕，当时要解决的核心问题是生产要素固化的问题，那时候每一个机器设备、每一块土地、每一项技术甚至每一个人，都被固化在"单位"上，不能按照市场的要求流动。十一届三中全会决议最重要的就是要打破几十年计划体制形成的生产要素固化的弊端，然而从哪里入手突破？为此，邓小平同志于 1979 年黄山讲话，把旅游业作为了改革开放先行先试的行业。

十一届三中全会的第二年——1979 年出台了《中华人民共和国合资经营企业法》，1980 年就有三家合资企业诞生——京港合资北京航空食品有限公司、中美合资北京建国饭店和中美合资长城饭店，这三家企业中，有"两家半"是旅游企业。这些企业在打破生产要素固化，特别是打破人事管理方面固化的计划经济体制做出了积极的贡献，在企业内部用人制度上，实现了取消干部和工人的界限，打破了八级工制只能上不能下、收入封顶、干多干少收入一样、企业不能辞退员工等僵化的计划体制弊端，为生产要素按照市场需要的方式配置进行了积极有效的探索。此后，深谙邓小平同志改革开放理论的胡耀邦同志提出全国学建国，把旅游业的改革经验推广到了全国。

由于中国的改革开放走的是一条渐进式的改革道路，经过改革开放 40 多年的实践，我国在打破生产要素固化方面已经较为完善，然而在对市场经济的管理方式上，不适应当前市场经济发展的方面还不少，而且越早制定的法规条例越不适应市场经济发展的需要。因此，在 2013 年再次启动改革的十八届三中全会上，提出了"要让市场在资源分配中发挥决定性作用"的重要思想，并提出"全面深化改革的总目标是完善和发展中国特色社会主义制度，推进国家治理体系和治理能力现代化"。十八届三中全会的第二年，也就是被社会各界认为是中国全面深化改革元年的 2014 年，国务院出台了 31 号文《关于促进旅游业改革发展的若干意见》，显然是再次把旅游业作为了改革的破冰产业。

作为全面深化改革破冰产业的旅游业从哪里入手，怎么解决管理体制僵化的矛盾，如何建立起"让市场在资源分配中发挥决定性作用"的管理体制，面对一系列问题，国家旅游行政管理最高层开出的药方是"全域旅游"：全域旅游是指在一定区域内，以旅游业为优势产业，通过对区域内经济社会资源尤其是旅游资源、相关产业、生态环境、公共服务、体制机制、政策法规、文明素质等进行全方位、系统化的优化提升，实现区域资源有机整合、产业融合发展、社会共建共享，以旅游业带动和促进经济社会协调发展的一种新的区域协调发展理念和模式。

改革开放之初，以旅游业为突破口带动全面改革开放的一个重要举措，就是中央层面的改革开放思想在解放生产要素的最基层——企业上率先实践，从而融化了生产要素固化的坚冰，使改革开放落到了实处。全面深化改革关键是"推进国家治理体系和治理能力现代化"和"让市场在资源分配中发挥决定性作用"，也就是要解决政府对市场经济管理方式固化的问题，此时的最基层显然是基层政府，也就是以旅游业为优势产业的县。因为，县级是自秦始皇制定郡县制以来，中国最基本的行政管理细胞。全域旅游通过县级层面的先行先试，突破不再适应社会主义市场经济的体制机制、政策法规、软硬各种环境，建立起以旅游市场分配资源的新理念，以旅游业带动社会经济全面发展的新模式。

自全域旅游概念提出以来，以旅游业为优势产业的地区，围绕让旅游市场在资源分配中发挥决定性作用，以创建全域旅游示范区为抓手，在全国各地探索了很多创新管理经验，有的在旅游业管理体制机制上，有的在招商引资方式上，有的在土地利用上，有的在财政金融支持上，有的在旅游市场治理上，有的在维护旅游者合法权益上等方面进行了全方位积极的探索。为了进一步总结各地创建全域旅游示范区中的经验，我们组织编写了这套《全域旅游创新模式研究丛书》，希望全域旅游示范区建设在推动全面深化改革中的好做法能得到广泛推广，希望旅游业能为全面深化改革做出更大贡献。

戴学锋

目录
CONTENTS

第五章 ｜ "花溪模式"之体制机制创新　　　*100*

第六章 ｜ "花溪模式" 之政策措施创新　　*109*

第九章 | "花溪模式"之交通服务创新　　*178*

第十章 | "花溪模式"之生态文明创新　189

第一节　我国旅游业发展的总体态势

　　2009 年以来，我国国内、入境、出境旅游发展呈现出深刻的变化。从世界范围看，在 2008 年金融危机的影响下，世界经济增长乏力，旅游业成为国际经济中发展最为活跃的领域之一。从国内来看，一方面，在应对全球金融危机的过程中，国内出台了"四万亿"的投资刺激计划，基础设施建设加速发展，全国的高速、高铁网络迅速形成，为国内旅游的快速发展奠定了基础条件。另一方面，随着我国改革开放以来几十年经济的快速增长，居民可支配收入显著提升，旅游已经成为一种重要的生活方式，旅游消费升级的特征明显。我国旅游业发展呈现出"两高一低"的总体态势。国内旅游和出境旅游增长迅猛，向纵深化发展，而国际入境旅游呈现出增长缓慢、基本持平的态势。自 2009 年以来，为应对国际金融危机，我国大力促进旅游业快速发展，先后密集出台了一系列的重要文件和法规，对我国旅游业发展进程具有深刻影响。例如：《国务院关于加快发展旅游业的意见》（国发〔2009〕41 号）、《国务院关于促进旅游业改革发展的若干意见》（国发〔2014〕31 号）、《国务院办公厅关于进一步

促进旅游投资和消费的若干意见》（国办发〔2015〕62号）、《国民旅游休闲纲要（2013—2020年）》《旅游法》等。

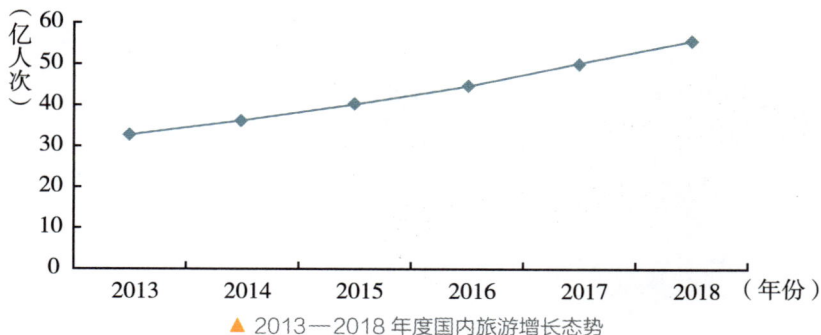

▲ 2013—2018年度国内旅游增长态势

（数据来源：根据相关统计数据整理而得）

　　同时，我国国民旅游进入大众化时代，自助游、自驾游、自主游市场需求旺盛，传统旅游接待体系面临变革，深刻推动了旅游业供给侧改革。在国内旅游消费升级浪潮的推动下，旅游业面临着转型升级的压力，旅游目的地需要全面提升，旅游基础设施和公共服务短板凸显，旅游业亟须转变发展理念和发展模式，以应对国内新的旅游消费需求。

　　2016年是"十三五"的开局之年，各相关部委纷纷出台政策文件，促进旅游同交通、体育、休闲、文化等领域的融合式发展。这些政策涵盖旅游消费、旅游基础设施和服务提升、旅游同其他产业融合、旅游新业态等诸多领域。

表1-1　2016年出台的旅游相关的主要政策文件

时间	部门	文件名称和主要内容
2016年4月	国家发展改革委、教育部、工信部等24个部门	《关于印发促进消费带动转型升级行动方案的通知》（发改综合〔2016〕832号）
2016年8月	交通运输部	《关于实施绿色公路建设的指导意见》（交办公路〔2016〕93号），提出充分利用公路养护工区、场站等用地，科学设置服务区、停车场，探索增设观景台、汽车露营地、旅游服务站等特色设施

续表

时间	部门	文件名称和主要内容
2016年11月	国务院办公厅	《关于加快发展健身休闲产业的指导意见》（国办发〔2016〕77号），要求充分挖掘水、陆、空资源，研究打造国家步道系统和自行车路网，重点建设一批山地户外营地、徒步骑行服务站、自驾车房车营地、运动船艇码头、航空飞行营地等健身休闲设施
2016年11月	国务院办公厅	《关于进一步扩大旅游文化体育健康养老教育培训等领域消费的意见》（国办发〔2016〕85号），提出要指导各地依法办理旅居挂车登记，允许具备牵引功能并安装有符合国家标准牵引装置的小型客车按规定拖挂旅居车上路行驶，研究改进旅居车准驾管理制度。加快研究出台旅居车营地用地政策
2016年12月	国家发展改革委、原国家旅游局	《关于实施旅游休闲重大工程的通知》（发改社会〔2016〕2550号），提出引导布局国家级、省级旅游度假区及自驾车房车露营基地、国际特色旅游目的地和低空旅游示范区，支持打造一批城市旅游休闲街（区）和环城市旅游休闲带
2016年12月	原国家旅游局、国家体育总局	《关于大力发展体育旅游的指导意见》（旅发〔2016〕172号），提出鼓励和引导旅游景区、旅游度假区、乡村旅游区等根据自身特点，以冰雪乐园、山地户外营地、自驾车房车营地、运动船艇码头、航空飞行营地为重点，建设特色健身休闲设施

（资料来源：根据政府网站相关资料整理而得）

　　面对新的发展态势，原国家旅游局提出了旅游发展的"515战略""旅游+"战略，在全国范围内以"厕所革命"为突破口，推进旅游基础设施的改善提升。在此背景下，2016年年初举办的全国旅游工作会议上，原国家旅游局局长李金早在讲话中明确提出了要实现旅游发展理念的转变，实现从景点旅游向全域旅游的转变。

　　全域旅游发展模式不仅是对中共十八届五中全会提出的"创新、协调、绿色、开放、共享"五大发展理念在旅游领域的落实和深化，更是顺应当今国民旅游、散客化旅游、自驾车旅游为主流的消费市场需求,推动旅游业供给侧改革的重要举措。随后,在 2016 年 2 月,原国家旅游局公布了首批国家全域旅游示范区创建名录,首批共有 262 个单位入选。2016 年 11 月,原国家旅游局公布了第二批国家全域旅游创建名录,238 个单位入选。

第二节　全域旅游提出并上升为国家战略

全域旅游是旅游发展的全新理念和模式,也是地方经济社会协调发展的新模式。全域旅游一经提出就受到了管理部门、业界和学界的高度关注。随着实践的不断深化,全域旅游发展理念也上升为国家战略层面。

一、全域旅游的概念

早在 2015 年,原国家旅游局就下发了《关于开展"国家全域旅游示范区"创建工作的通知》(旅发〔2015〕182 号),启动"国家全域旅游示范区"创建工作。在 2016 年 2 月全国旅游工作会议上,原国家旅游局局长李金早在讲话中首次提到"全域旅游"概念,并做了如下阐释:

> 全域旅游是指在一定的区域内,以旅游业为优势产业,通过对区域内经济社会资源尤其是旅游资源、相关产业、生态环境、公共服务、体制机制、政策法规、文明素质等进行全方位、系统化的优化提升,实现区域资源有机整合、产业融合发展、社会共建共享,以旅游业带动和促进经济社会协调发展的一种新的区域协调发展理念和模式。

此后,他发表了《全域旅游的价值和途径》《务实科学发展全域旅游》等文章,指出推进全域旅游是旅游业落实新发展理念的增长点和有效抓手,提出要发展全域旅游必须抓住"三个关键点",即旅游综合治理模式、"旅游 +"的产业融合方式以及旅游共建共享模式。

二、全域旅游上升为国家战略

全域旅游理念的提出伴随着全域旅游示范区创建工作在全国的推进，以全域旅游发展理念和模式的转变统领旅游供给侧改革，推动体制机制的创新、产业融合的深化以及旅游的综合治理等方面，这一理念逐渐为多个地方接受，并付诸实践。全域旅游发展理念和模式也引起了中央政府的重视，这一理念由旅游管理部门提出，最终受到中央政府的肯定。如果对 2016—2019 年三年以来全域旅游相关的大事件进行梳理，可以看到全域旅游逐渐上升为国家战略的清晰脉络：

1. 2015 年 9 月，原国家旅游局下发《关于开展"国家全域旅游示范区"创建工作的通知》（旅发〔2015〕182 号），启动"国家全域旅游示范区"创建工作。

2. 2016 年 1 月 29 日全国旅游工作会议上，布置全域旅游工作。

3. 2016 年 3 月原国家旅游局启动首批 262 家国家全域旅游示范区创建工作，并于同年 5 月召开首届全域旅游推进工作会议。

4. 2016 年 5 月 19 日，李克强总理在首届世界旅游发展大会开幕式上的致辞《让旅游成为世界和平发展之舟》中指出，中国还将推进全域旅游和"旅游 +"行动，大力发展乡村旅游、工业旅游、文化旅游、养老养生游，并与"互联网 +"相结合，在促进旅游中实现一、二、三产业融合发展，以旅游业的升级换代促进国民经济的提质增效。

5. 2016 年 7 月 18—21 日，习近平总书记到宁夏视察时发出重要讲话："发展全域旅游，路子是对的，要坚持走下去。"

6. 2016 年 9 月，原国家旅游局公布第二批示范区创建单位，第二批共有 238 家创建单位，并于 9 月在宁夏召开第二次全域旅游推进工作会议，两批共计 500 余家。

7. 2016 年 12 月 7 日，国务院发布《"十三五"旅游业发展规划》明确"以转型升级、提质增效为主题，以推动全域旅游发展为主线……"

8. 2017 年 3 月，李克强总理在政府工作报告中指出："完善旅游设施和服务，大力发展乡村、休闲、全域旅游。"

9. 2017 年 6 月，原国家旅游局发布《全域旅游示范区创建工作导则》(旅发〔2017〕79 号)，指导各地全域旅游示范区创建工作。

10. 2018 年 3 月，在全国两会期间，国务院办公厅发布《关于促进全域旅游发展的指导意见》(国办发〔2018〕15 号)，该意见明确指出，"统筹协调、融合发展。把促进全域旅游发展作为推动经济社会发展的重要抓手，从区域发展全局出发，统一规划，整合资源，凝聚全域旅游发展新合力""开展全域旅游示范区创建工作，打造全域旅游发展典型""把促进全域旅游发展作为推动经济社会发展的重要抓手"。

11. 2018 年 3 月，文化和旅游部正在制定全域旅游示范区验收文件。

12. 2019 年 4 月，文化和旅游部开启全国全域旅游示范单位验收工作。

第三节　全域旅游在各地的实践热点

在全国第一批、第二批全域旅游示范区创建单位的带动下，各级政府部门对全域旅游示范区创建工作高度重视，全域旅游实践探索在多地展开。很多地区因地制宜，针对旅游业发展中的短板、问题，旅游供给和旅游消费需求不匹配的方面，以全域旅游理念为指导，做了重点的探索和突破。

一、全域旅游实践的总体态势

截至 2019 年 4 月，全国两批全域旅游示范区创建单位共计 500 多家，包括海南、宁夏 2 省（区），91 个市（州），407 个县（市），覆盖全国 31 个省、自治区、直辖市和新疆生产建设兵团。全国全域旅游示范区创建单位的总面积 180 万平方千米，占全国国土面积的 19%，总人口 2.56 亿，占全国总人口的 20%[1]。

---

① 参见原国家旅游局《2017 全域旅游发展报告》，原国家旅游局规划财务司，2017.8.

表 1-2　全国全域旅游示范区创建单位分布情况

地区	总数（家）	省平均数	覆盖面积（万平方千米）	覆盖人口（万人）
东部地区	132	13	19.4	9341
中部地区	142	12	27.6	7727
西部地区	170	14	107	7082
东北地区	56	9	30	2708

（资料来源：根据原国家旅游局《2017 全域旅游发展报告》整理而得）

从全域旅游空间分布状况看，西部地区地广人稀，无论是总数、平均数都居于全国首位，这与我国旅游垄断性资源多分布在西部地区的总体态势一致。中部地区和东部地区全域旅游示范区创建单位个数紧随其后，东北地区全域旅游示范区创建单位最少。

从全域旅游投资和基础设施建设来看，2016 年各创建单位新增项目 7043 个，实际完成投资 3249 亿元，占旅游投资总额的 25%，全年民营资本投资全域旅游 1118 亿元，占 34.4%。据不完全统计，2016 年创建单位共改建和新建厕所 25769 座。各地建设停车场 4000 个、旅游集散中心 2500 个、旅游咨询服务点数千个 [①] 。

二、全域旅游在各地的实践热点

全域旅游发展理念的提出受到了各地的广泛响应，各省市采取了一系列促进全域旅游发展的措施和做法，做了多样化的探索。实践的热点领域包括体制机制改革、综合监管、联动机制、土地政策、智慧旅游、营销创新、跨区域合作等多个方面。

体制机制创新。例如，在体制机制方面，贵州省建立了全省旅游发展和改革领导小组，各地政府也建立了领导小组。贵州省成立了旅游发展委员会，9 个市（州）中至少有 7 个成立了旅发委。海南省级层面成立了省级推动旅游业发展的工作联席会议制度，在市县层面的改革创新中，18 个市县相继成立了全域旅游领导机构，12 个市县成立了旅游发展委员会。在有的县市，全域旅游领导小组由党政一把手任双组长。

[①]　参见原国家旅游局《2017 全域旅游发展报告》，原国家旅游局规划财务司，2017.8.

旅游局进入规划委员会，成为副主任单位，有的政府成立旅游产业发展基金，建立财政对旅游的长期投入机制。还有一些省市政府成立全域旅游平台公司，建立股权多元化的居民参与旅游机制等。

部门联动机制。例如，在部门联动方面，山东省财政厅设立了旅游发展专项资金，设立了滨海旅游基金、旅游发展引导基金，促进了社会投资。苏州市政府专门制定了参与旅游市场秩序综合监管工作地区、部门和企业的"责任清单"，将其纳入苏州市级机关绩效考核体系。

土地政策创新。有的地方推出旅游用地政策的大胆创新，例如，浙江省出台的点状供地政策探索，很多地方优先保障旅游项目用地，例如，苏州市建立旅游产业土地供给的综合协调机制，建立涉旅城市规划的工作联系制度，市服务业发展引导资金涉旅项目的会商制度等。

综合监管体系。在综合监管方面，黄山风景区、贵州青岩古镇、湖南醴陵等地，设乡镇旅游分管领导和旅游干事，把旅游警察、旅游工商和旅游巡回法庭办到了景区和乡镇。苏州利用"大数据＋互联网"手段，参与旅游文明诚信体系建设，旅游电商

▲ 青岩古镇

平台型企业通过"差评倒逼"机制，实施"出境最优""周边自由行最差"双向评价机制，把同程、携程、百度等对项目和产品的在线好评、差评排名循环播放，实施差评 100% 处理回复、100% 回溯问责制度。推动区域合作。在跨区域合作方面，山东、陕西、贵州积极申报全域旅游省，还有一些跨区域的探索。

完善公共服务。在公共服务方面，吉林省敦化市在主干道、次干道，均设立了旅游指示牌，筹建在火车站、高速公路入口、市区、大型商场、街道等显眼处的 30 多个全域旅游服务站。江苏省兴化市促进全域旅游发展，建设智慧旅游中心，提升了中心的数据搜集分析能力、客情舆情监控能力及突发事件预警处置能力，通过旅游网站、微信客户端和移动客户端平台构建智能高效的服务窗口。

深化产业融合。在产业融合方面，多地在农业、工业、商务、文化、教育、体育、卫生等领域打造一批多业融合的旅游示范基地。山西省大同市推进产业融合促进全域旅游发展，面对旅游产业发展新形势和新业态，把"旅游 + 交通""旅游 + 体育""旅游 + 文化""旅游 + 生态""旅游 + 扶贫"作为重点，开展产业对接，促进产业融合，带动全域旅游发展。

综上，各地因地制宜地开展了多样化的全域旅游实践，不约而同地采取了很多类似的做法，这里只能挂一漏万，当然，这其中也不乏创新亮点。

第四节　全域旅游的理论研究进展

一、全域旅游研究的主要文献

自全域旅游概念提出之后，受到学界广泛的讨论和研究。当前国内关于全域旅游的研究成果众多，涉及方面广泛，主要包括全域旅游内涵、概念、特征、现状与意义的研究，也包括对全域旅游发展模式与实施路径研究、全域旅游相关投资机会和热点领域的分析、全域旅游政策研究等。

根据对中国知网数据库主要期刊的检索结果[1]，篇名中含有"全域旅游"的核心

---

[1]　根据 2019 年 3 月 31 日对中国知网数据库的主要期刊以"全域旅游"作为关键词的检索结果

期刊论文 97 篇，主要涵盖 8 大领域。全域旅游内涵（概念、特征、现状与意义）研究 14 篇，全域旅游综述类研究 12 篇，全域旅游模式与路径研究 20 篇，全域旅游问题与对策研究 12 篇，全域旅游投资机会研究 4 篇，全域旅游政府政策研究 9 篇，全域旅游重点区域研究 16 篇，全域旅游发展趋势研究 10 篇。

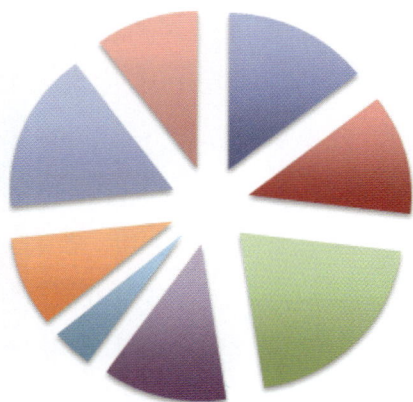

- 全域旅游内涵（概念、特征、现状与意义）
- 全域旅游综述类研究
- 全域旅游模式与路径研究
- 全域旅游问题与对策研究
- 全域旅游投资机会研究
- 全域旅游政府政策研究
- 全域旅游重点区域研究
- 全域旅游发展趋势研究

▲ 全域旅游研究文献领域分布

可以看出，关于全域旅游内涵、模式与路径以及全域旅游重点区域等领域，是全域旅游学术研究关注的重点领域。

二、全域旅游研究的重点领域

（一）全域旅游内涵

全域旅游概念一经提出，国内众多学者对其概念和内涵进行了多维度的解读，大致可以分为以下几类：

1. 全域旅游重在"全"。全域旅游的重点在全要素、全时空、全体验。有学者认为，全域旅游是各行业、各部门、全城居民共建，调动目的地全部吸引物要素为游客提供的全过程、全时空的产品，满足游客的全方位体验要求（厉新建、张凌云、崔莉，2013）。李君轶、高慧君在 2016 年发表的《信息化视角下的全域旅游》中提出全域旅游不是简单的旅游发展空间的扩展，而是从景点旅游向全域旅游的发展，是区域旅游发展理念的创新。其核心是全行业中全要素的整合，全过程、全时空的旅游产品的供给以及全方位的游客体验。

2. 全域旅游重在"域"。从旅游产业的空间依托角度来认识全域旅游。有的学者从全域旅游中"域"的概念出发，认为"域"不仅是空间和地域的概念，还被赋予了空间、领域、要素、时间、产业、管理等多重含义，但"空间域"还是全域旅游的核心要素，是旅游产业的空间依托（郭毓洁、陈怡宁，2016）。张辉、岳燕祥（2016）提出全域旅游的核心不在"全"而在"域"。全域旅游首先是要打破旧的旅游空间格局，形成一种新的发展格局。全域旅游不应从"全"的角度来认识，而应该从"域"的角度来解释，全域旅游是要改变以景区为主要架构的旅游空间经济系统，构建起以景区、度假区、休闲区、旅游购物区、旅游露营地、旅游功能小镇、旅游风景道等不同旅游功能区为架构的旅游目的地空间系统，推动我国旅游空间域从景区为重心向旅游目的地为核心转型。

3. 全域旅游重在"新"。也有学者认为全域旅游的关键在于创新，因为全域旅游是一种全新的发展理念和模式。例如，有学者提出全域旅游的关键在于新模式、新战略、新形态、新品牌、新改革平台、新复合空间（石培华，2016；杨振之，2016）。戴学锋（2016）认为全域旅游的提出具有深远的意义，体制机制的改革创新才应该是全域旅游的最核心内涵。

（二）全域旅游的模式和路径

关于全域旅游应该遵循什么模式，有哪些具体路径，国内学者多有探索，有的从全局出发提出全域旅游核心任务，有的对全域旅游发展理念和模式的适用性问题进行了探讨，也有的从各地实际情况和面临的问题出发提出因地制宜的对策和路径，研究成果非常丰富。例如，杨振之（2016）提出全域旅游发展面临的五个核心任务是：推进旅游行政管理体制的变革；在旅游资源富集区，建立以旅游产业为主导的区域发展新平台和新模式；引导多产业融合发展；形成区域泛旅游产业集群；在部分区域，以全域旅游规划作为区域顶层设计，引导实现"多规合一"。张辉（2016）认为全域旅游是社会经济发展的一种方式，对那些旅游资源丰富、不适宜大规模集约化工业发展的山区，可以通过旅游化的发展方式解决社会经济发展。何建明（2016）也认为全域旅游比较适合于将旅游业作为优势产业来发展的地区，但还存在不少地方，旅游业还不是优势产业，仍然需要对全域旅游理念和模式进行创新应用。另外，国内多位学者对内蒙古、广西、延边、三亚、常州等地区的全域旅游发展提出了具体建议。

（三）全域旅游发展对策

在全域旅游发展对策方面，有学者提出利用共享经济模式发展全域旅游，虽然共享经济在我国发展时间不长，但其已经快速渗透到各个行业和细分市场，共享经济会进一步促进旅游业同其他产业的快速融合，分别从共享经济时空观、共享经济信息观、共享经济价值观三个方面，阐述了共享经济对全域旅游的影响（李晓雪、赵亮，2016）。在具体建设方面，学者们纷纷提出了全域旅游建设的具体对策，例如完善体制机制创新、转变观念、构建全域旅游人才制度体系、完善旅游公共服务体系、推进智慧旅游建设、构建整合营销体系、进行环境整治和保护，实现绿色发展等，形成共建共享的全域旅游大格局。

第五节　改革创新是全域旅游的核心内涵

虽然全域旅游概念得到学界和业界的广泛关注，但全域旅游为什么能成为国家战略？全域旅游的本质内涵是什么？全域旅游到底要怎么建设？关于这些问题，学界、业界、不同地区、不同学者之间却因为立场和视角不同，众说纷纭，莫衷一是。大致来说，在全域旅游讨论的初期，主流观点主要集中在两个维度。第一个维度是立足当前旅游者需求，从服务旅游者的角度来理解全域旅游，提出了全地域、全空间、全时空等概念。第二个维度是立足当前旅游产业转型升级的需要，提出了全域旅游是旅游产业转型升级的重要理念转变，提出了全产业、产业融合、产业升级、"旅游 +"等对全域旅游的解读。

经过 2015—2019 年的全域旅游理念提出及各地的全域旅游实践进展，政府部门、学界、业界对于全域旅游的内涵认识都在不断地深化。以中国社科院戴学锋研究员为代表的学者认为：在认识全域旅游的两个维度以外，还有更为核心的第三个维度，即从打破既有体制机制、突破部门利益固化藩篱的角度，全域旅游能够有效地推动基层改革和创新，并将成为引领新时期改革全面深化的突破口。他在《全面深化改革，旅游业是突破口》《全域旅游，行业全面深化改革的重要支点》《旅游业成为带动全面深化改革的重要产业》《全域旅游：实现旅游引领全面深化改革的重要手段》《发展全域旅游要找准关键突破口》《示范区创建核心在创新》《改革开放 40 年：旅游业的市场化探索》等一系列文章中，提出了体制机制创新才是全域旅游的核心内涵。从全域旅游对国家战略的重要意义来看，旅游业一直是我国改革开放的排头兵，从全国全域旅游示范区创建工作的实践来看，如果没有基层体制机制的创新，全域旅游所涵盖的跨部门、跨行业、跨区域的融合发展，将成为"空中楼阁"。全产业、全季节、全时空、全地域等目标也将无法落实。唯有坚持以体制机制改革创新为核心，才能实现全域的统筹协调发展。

随着全域旅游实践的不断推进，一方面，全域旅游上升为国家战略；另一方面，全域旅游示范区创建工作在全国各地展开，对全域旅游三个维度的认识逐渐得到学界、业界和管理部门的认同。特别是对全域旅游改革创新内涵的剖析，更是得到了文化和旅游部、各级政府、业界和学界的认同。对全域旅游的认识随着实践不断在深化，并开始逐渐趋于一致，"改革创新应该是全域旅游的核心"这一观点逐渐被越来越多的政府、学界、业界所接受，"无改革、不全域"已经成为共识。具体来说：

一、旅游业是改革破冰产业，是新时期突破部门利益藩篱，全面深化改革的突破口 [①]

中国旅游业 40 年的发展，一直和国家战略紧密结合，改革开放之初，当时计划经济体制下所有的生产要素都被禁锢，不能流动。邓小平同志发表了"黄山讲话"提出"旅游事业大有文章可做，要突出地搞，加快地搞"。旅游业成为改革开放中最早开放和引进外资的行业，成为中国经济市场化的重要推手。而在新的时期，我国深化各领域改革的主要障碍在各部门的管理方式固化、体制机制固化，需要构筑一个符合市场经济运行规律的管理体系。中共十八届三中全会开启了中国全面深化改革的新航

---

① 戴学锋. 全域旅游：实现旅游引领全面深化改革的重要手段 [J]. 旅游学刊，2016（9）.

程，核心就是"让市场在资源分配中发挥决定性作用"。旅游业因其民生相关、市场规模大、产业特征灵活、内部约束少、外部约束多，最适合成为全面深化改革的突破口。

当前改革的核心问题是突破部门固化、利益固化的藩篱。当前我国大量的法律法规都带有浓厚的部门利益色彩甚至相互冲突，部分成为阻碍市场经济发展的障碍。在此背景下，中共十八届三中全会召开后不久，国务院发布了《国务院关于促进旅游业改革发展的若干意见》（国发〔2014〕31号），旨在把旅游业的改革作为全面深化改革的重要抓手。经过40年的发展，旅游业关联效应强、综合带动能力强的特征表现得更为突出，在全面深化改革的背景下，旅游业作为一个整体的改革，必须要有全局的视角。全域旅游作为一种理念和模式的提出，不仅仅着眼于自身，更重要的意义是冲击利益固化的藩篱，带动相关领域的共同改革发展。

为了充分发挥全域旅游在深化改革中的作用，2017年6月，原国家旅游局印发的《全域旅游示范区创建工作导则》将改革创新定位为全域旅游示范区首要的创建原则。因此，全域旅游示范区建设的核心，在于示范、在于改革创新。很多地方建立了全域旅游"领导小组"，由一把手挂帅，就是要突破体制机制的藩篱，横向整合资源，成为基层改革的"利器"。

二、"顶层设计"加"基层突破"，全域旅游是上下联动，双向突破，撬动相关领域改革的关键 [1]

全域旅游是推动"自下而上"改革的抓手，全域旅游的改革创新关键在区县层面。中国的治理体制中，县级单位是基层在组织、技术上的全面管理者。因而要重整部门职能，解放社会生产力，发挥最基本的行政细胞职能，全凭基层改革创新的推动。改革开放之初的中国农村改革成功的关键，最重要的就是利用了基层的动力，解决了生产要素固化的问题。而当今，全域旅游实践启动的依然是基层改革，目的在于解决政府对市场管理的固化。全域旅游的要义在于：以旅游业为优势产业的地区，围绕旅游业这个优势产业，建立起一套适应旅游市场的体制机制和管理模式，那么其他

---

[1]　戴学锋. 发展全域旅游要找准关键突破口［N］. 中国旅游报，2016-09-16.

产业为优势的地区就可以模仿。这不仅是旅游业的有意为之，更是通过体制机制的横向整合、有序信息流动而实现的自上而下、自下而上的双向突破。

已经发布的《全域旅游示范区创建工作导则》明确提出了"旅游＋城镇化、工业化和商贸""旅游＋农业、林业和水利""旅游＋科技、教育、文化、卫生和体育""旅游＋交通、环保和国土"等旅游相关领域的融合发展任务。例如，乡村要发展民宿有赖于农村宅基地的三权分置改革，低空飞行观光的开展有赖于低空空域改革，相关领域要附加旅游功能，就要深化自身的改革。全域旅游的推进必然会不断推动相关行业法规的调整。

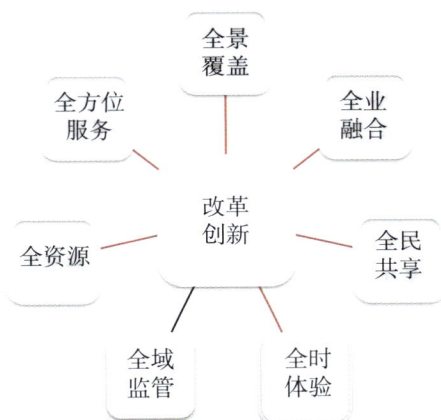

▲ 全域旅游内涵示意

2019年4月，文化和旅游部启动了对全国96家全域旅游示范区县（区）级单位的评审工作，从新出台的《国家全域旅游示范区验收标准（试行）》和《国家全域旅游示范区验收、认定和管理实施办法（试行）》的内容来看，首批验收主要针对县级单位，并规定只有其辖区内70%以上的县级创建单位通过验收后，方可接受上一级申请。显然突出了全域旅游以基层创新为主导的意图。同时，在整个验收标准中，体制机制、政策等改革创新措施被赋予了重要的地位，在总体评价标准中占有绝对核心的位置。

花溪全域旅游发展模式的基础支撑

第二章

花溪区是贵阳市辖区，位于贵阳市南部，距离贵阳市中心 17 千米。花溪区地处黔中腹地，东邻黔南州龙里县，西接贵安新区，南连黔南州惠水县、长顺县，北与南明区、观山湖区接壤，交通便利，区位良好。花溪区所在区域早在明朝已经有行政建制，后经多次调整变化，1949 年前花溪为贵筑县的一个区，同期花溪公园开辟。后贵阳设市，花溪属贵筑县管辖。中华人民共和国成立后，于 1957 年，贵筑县并入贵阳市，原贵筑县的一部分设置花溪区。2012 年，国务院正式同意撤销贵阳市花溪区、小河区，设立新的贵阳市花溪区，以原花溪区、小河区的行政区域为新花溪区的行政区域。

第一节　花溪区社会经济概况

花溪区下辖 4 镇 5 乡 18 个社区服务中心，包括青岩镇、石板镇、燕楼镇、麦坪镇，孟关乡、久安乡、马铃乡、黔陶乡、高坡乡。截至 2018 年年底，花溪区常住人口 67.74 万，其中少数民族人口约占 1/3。2018 年，花溪区实现生产总值 640.45 亿元，比 2017

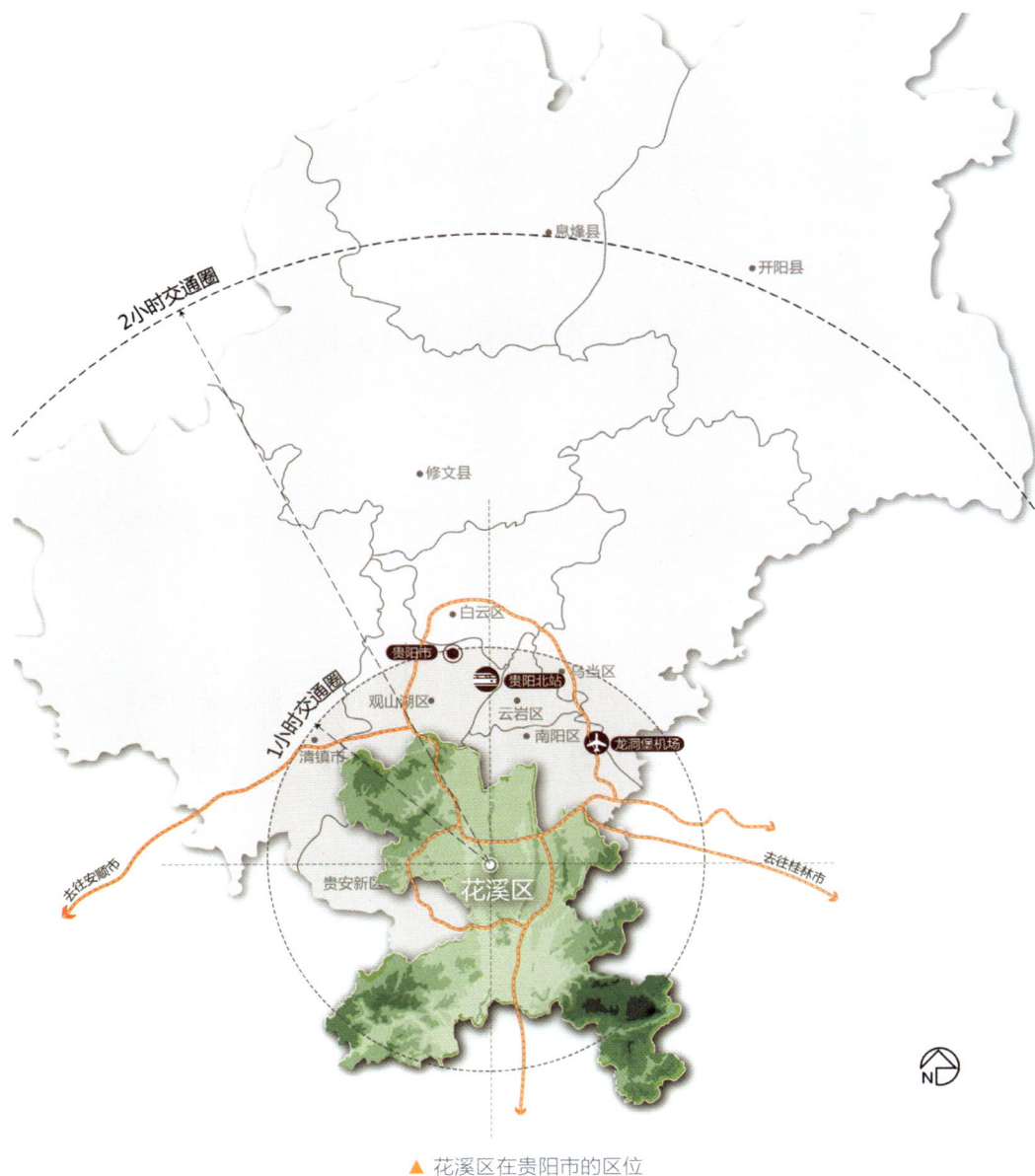

▲ 花溪区在贵阳市的区位

年增长 10.7%，增速分别高于全省、全市平均水平 1.6 个和 0.8 个百分点。城镇常住居民人均可支配收入、农村常住居民人均可支配收入分别达到 34462 元和 16211 元，比 2017 年增长 9.2% 和 9.7%。经济发展综合测评位列全省城区方阵 18 个区（市）第 3[①]。

① 《花溪区 2018 年国民经济和社会发展计划执行情况与 2019 年国民经济和社会发展计划（草案）报告》

从历史发展阶段来看，近 20 年来，花溪区经济增长迅猛，人民生活水平不断提升。花溪区人均 GDP 从 2000 年的 6156 元增加到 2017 年的 91313 元，GDP 总量由 1997 年的 88984.2 万元增加到 2017 年的 6022762 万元，约增长 67 倍。花溪农村居民人均可支配收入由 1978 年的 63 元增加到 2017 年的 14782 元，城镇居民人均可支配收入由 2000 年的 5481 元增加到 2017 年的 31559 元 [1]。

2008—2018 年，花溪区 GDP 从 59.37 亿元增加到 640.45 亿元。特别是 2012 年花溪区行政区划调整之后，统计口径也随之有所调整，原小河区强势的工业基础为新花溪区的经济增长注入了强劲动力。花溪区人均 GDP 从 2008 年的 16653 元增长到 2018 年的 95273 元。

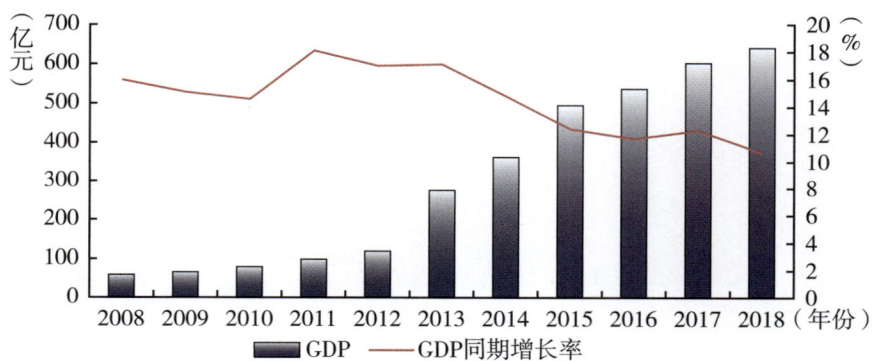

▲ 2008—2018 年花溪区 GDP 及增长速度 [2]

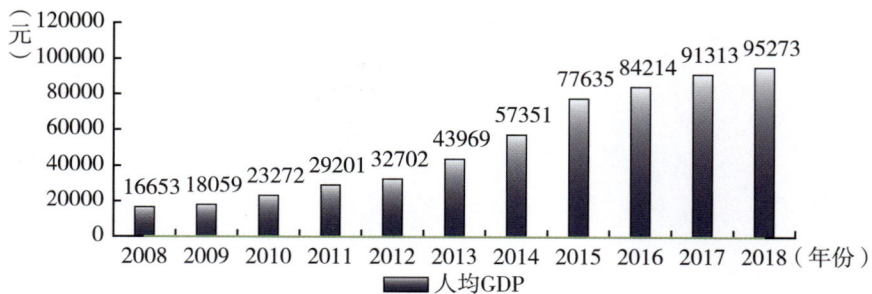

▲ 2008—2018 年花溪区人均 GDP

随着花溪区经济的快速增长，城乡居民生活水平得到大幅提升，2008—2017 年，

---

① 城乡面貌展新颜百姓共享改革红利 [N]. 贵州日报，2018-12-29.
② 增长率为以 2005 年可比价格计算的增长率。

花溪区城乡居民人均可支配收入稳步增长。城镇居民人均可支配收入从2008年的13501元增长到2017年的31559元，农村居民人均可支配收入从2008年4821元增加到2017年的14782元。从2017年数据来看，花溪区城镇居民人均可支配收入略低于全国平均水平（2018年全国城镇居民人均可支配收入36396元），花溪区农村居民人均可支配收入略高于全国水平（2018年全国农村居民人均可支配收入13432元）。

▲ 2008—2018年花溪区城乡居民人均可支配收入（元）

▲ 2008—2018年花溪区三次产业比重变动

从2008年到2018年的经济统计数据来看，花溪区产业结构不断优化。三次产业占比中，第一产业占比持续下降，从2008年的10.64%下降到2018年的3.13%。

第二产业发展迅猛。以智能制造等为代表的第二产业发展迅猛，同时小河区的强势加入带动花溪区工业基础进一步增强，此外受到新花溪和老花溪统计口径调整影响，第二产业比重增加明显。相比之下，第三产业比重略有下降 ① 。

第二节　花溪区旅游资源特色及旅游业发展态势

一、花溪区旅游资源特色

　　花溪区自然旅游资源丰富，气候条件突出。花溪区素有"高原明珠"的美誉，处于长江、珠江分水岭和南明河上游。全年气候湿润凉爽，山清水秀。花溪区气候凉爽舒适，空气清新自然。2017 年全年平均气温 15.9℃，全年平均降水量 1111.7 毫米，全年环境空气质量优良率为 93.8%。森林覆盖率 48.4%② 。花溪区是贵阳的生态区、旅游区，有贵阳"大花园"和"会客厅"的美誉。以十里河滩国家城市湿地公园（孔学堂）、花溪公园、天河潭、青岩古镇等最为著名。其中青岩古镇为国家 5A 级旅游景区，湿地公园（孔学堂）和天河潭景区为国家 4A 级旅游景区，区内有各类自然景观与人文景观 80 余处。

　　花溪区文化遗迹众多，少数民族文化特色突出。花溪历来是汉族和少数民族融合地带，也是重要的边寨地区。著名的青岩古镇据文字记载已经有 600 多年的历史，它较好地保留了明清"赣南式"民居建筑文化、民族民间文化、军事文化、石文化、历史文化和宗教文化、红色文化等。花溪区历来是汉族和少数民族融合地带，民族杂居格局明显，总体呈现出"大杂居，小聚居，交错居住"的格局。历史上，花溪区民族人口迁入有三个高峰时期：第一，明代中央为了巩固西南边疆稳定，政府实行屯军制度和流官制度，大批汉人迁入贵州。在少数民族聚居区内独立地建立起汉族村寨。明政府在贵阳境内设置的卫、所、屯，打破了花溪原来的封闭状态。第二，在抗战爆发后，大批前线汉人迁入，花溪地区汉族人口骤然增多。第三，近年来，地方经济发

---

　　① 　2008—2012 年为老花溪口径，2013—2018 年为新花溪口径，2012 年，贵阳市部分行政区划调整，撤销原花溪区和小河区，设立新花溪区。

　　② 　《2017 年花溪区国民经济和社会发展统计公报》。

▲ 苗族、布依族四月八节日

展，加速了当地人口流动 ① 。

　　在贵阳市 18 个少数民族乡中，花溪有 6 个苗族布依族乡，占全市的 1/3。全区有 38 个民族。每年正月十三、四月八、六月六等民族民间节日期间，都会开展歌会、歌舞联欢等活动，民俗风情浓郁。少数民族的理念、服饰、建筑、装饰、庆典无一不体现出浓郁的民族特色。布依族"六月六"节日庆典更是民族文化的集中呈现。布依族为我国少数民族之一，现在 250 多万人，贵州省居住有 200 多万人，占布依族人口的 95%。花溪镇山村布依族村寨有 400 多年的历史 ② 。

　　优越的自然环境和多元化的人文遗迹造就了花溪著名旅游区的美誉。

────────────

　　①　杨旭. 浅析贵阳市花溪区的河西民族关系构建［J］. 贵州民族大学学报（哲学社会科学版），2013（10）.

　　②　胡馨月，唐洪刚，等. 对传统村寨街巷空间形态的探讨——以贵阳市花溪区镇山村布依族村寨为例［J］. 四川建材，2014（2）.

二、花溪区旅游业发展总体态势

从 2008 年到 2018 年花溪区旅游接待人次和收入来看，花溪区旅游业经历了快速增长。特别是 2009 年、2011 年、2016 年等年份，花溪区旅游收入达到了"井喷式"增长。2018 年，花溪区旅游业持续快速增长，旅游总收入 370.87 亿元，比 2017 年增长 38.3%；接待旅游总人数 3739.61 万人次，比 2017 年增长 27.7%。花溪区第三产业发展迅猛，第三产业增加值 253.52 亿元，比 2017 年增长 12.2%，高于 GDP 增速 1.5 个百分点。

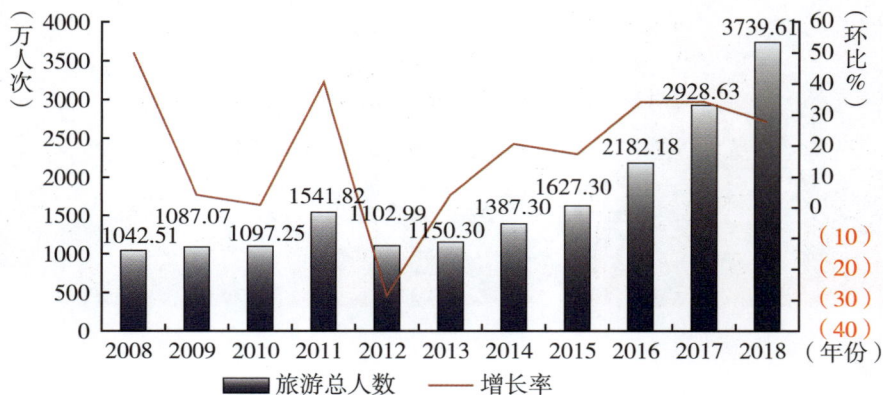

▲ 2008—2018 年花溪区旅游接待人次及增长率 ①

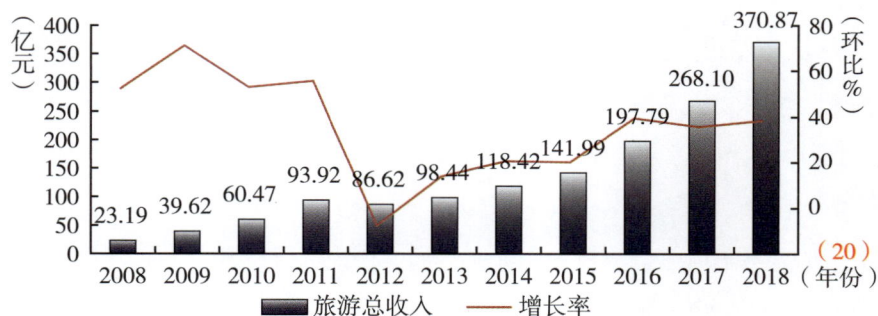

▲ 2008—2018 年花溪区旅游总收入及增长率 ②

① 数据根据花溪区 2008—2018 年统计年鉴整理所得。
② 数据根据花溪区 2008—2018 年统计年鉴整理所得。

三、花溪区旅游业发展的重点和热点

近年来，贵州立足丰富的少数民族文化资源和优良的自然生态资源、独特的喀斯特地貌资源以及优越的气候资源，旅游呈现飞速发展的态势。黄果树大瀑布景区、安顺市龙宫景区、毕节市百里杜鹃景区、荔波樟江景区、花溪区青岩古镇景区是贵州的国家 5A 级旅游景区，其中花溪区青岩古镇是贵阳市唯一一个国家 5A 级旅游景区。作为贵阳市的旅游大区，花溪区采取了一系列的政策措施推动旅游业的快速发展。花溪区 2016 年成为贵阳市唯一的首批"国家全域旅游示范区"创建单位。花溪区以建设国家山地旅游目的地、全省旅游集散中心、贵州省的"会客厅"和贵阳的核心旅游区域，打造世界著名旅游城市为目标，突出"大花园""大溪流"特色，创建全域旅游示范区。

（一）主要景区和南部片区发展

花溪区拥有青岩古镇、天河潭、孔学堂、十里河滩国家湿地公园、花溪公园等景点，自然生态和人文内涵兼具，发展全域旅游条件得天独厚。有国家 5A 级旅游景区 1 家、国家 4A 级旅游景区 2 家、国家 3A 级旅游景区 4 家。花溪区主要景区分三大部分：一是以花溪河为主线，在沿河 20 千米长的河段上，分布着天河潭、黄金大道、花溪公园、十里河滩等景区景点。二是以古建筑人文景观为主的青岩古镇景区。三是以高坡、黔陶等融自然景观和民族风情为一体的景区。2017 年，青岩古镇晋级国家 5A 级旅游景区[①]。2013—2017 年，青岩古镇景区面积已从 0.8 平方千米扩大到 4.8 平方千米，旅游人次从 302.3 万人次增加到 736 万人次，旅游总收入从 35068 万元增长至 97855 万元。旅游效益突出，旅游质量不断提升。青岩古镇作为国家 5A 级旅游景区的带动作用不断凸显，带动周边村镇、高速路服务区、旅游集散中心、精品酒店等快速崛起，带动基础社会公共服务的快速完善，即将形成以青岩古镇为核心的旅游增长极。此外，天河潭景区是花溪区的国家 4A 级旅游景区，正在申报国家旅游度假

[①] 詹燕. 城乡面貌展新颜百姓共享改革红利——改革开放 40 年花溪区经济社会发展综述［N］. 贵阳日报，2018-12-29.

▲ 青岩舞龙

区，天河潭以自然山水、溶洞为特色，主要吸引周边周末度假客源。2018年，花溪区集中打造了青岩古镇、湿地公园（孔学堂）、天河潭等核心景区，完成"1+5个100"工程投资9.03亿元。利用大数据手段提升了景区管理能力，打造了智慧旅游服务平台。

在花溪总体旅游发展的地域格局上，花溪区以青岩古镇、天河潭、花溪湿地公园等重要景点为核心，以花溪北部湿地公园至南部高坡苗乡长37千米的风景廊道为黄金旅游轴线，把核心景区与花溪南部片区连成一串。花溪南部片区是促进城乡融合发展的核心区域，主要包括青岩镇、黔陶乡和高坡乡。青岩镇辖17个行政村、2个居委会、106个自然村寨。黔陶乡辖7个行政村、36个村民组、1个居民委员会。高坡苗族乡辖19个行政村、121个村民组、87个自然寨 [①]。这一条轴线文化资源密集，类型多样，项目业态丰富，是花溪旅游发展的黄金轴线，主要包括了茶文化、山地体育、农耕体验、文化创意项目等，均在沿线布局，特别是沿线推出10个重点乡村旅游项目合成"溪南十锦"。"溪南十锦"项目是包括龙井村、小摆托村等10个特色村寨在内的乡村旅游项目，具体包括龙井村—布依族民俗农创旅游目的地、小摆托寨—

① 详情请参见《花溪区南部片区规划》。

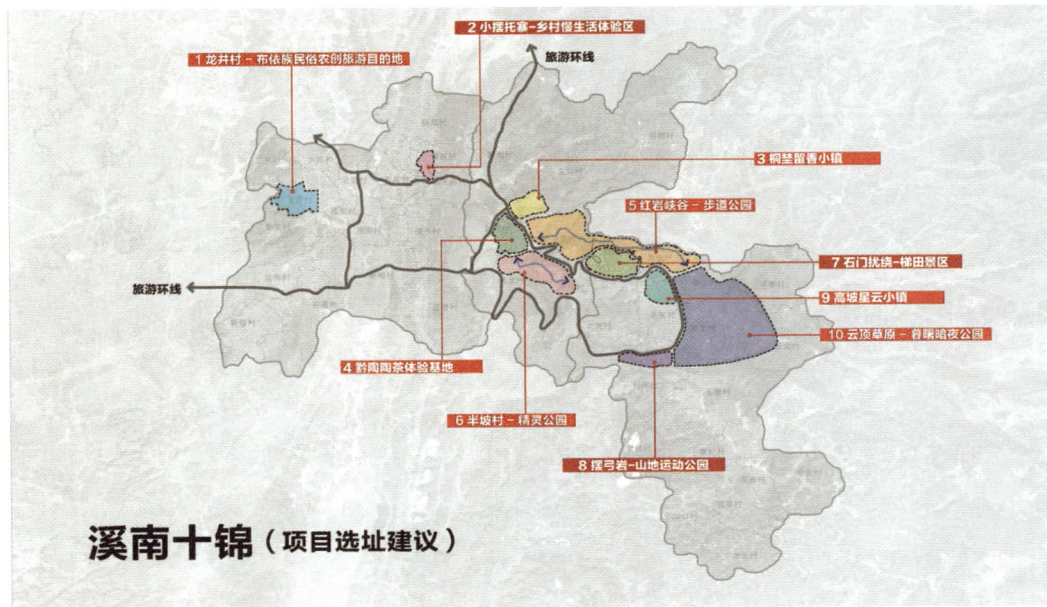

2 小摆托寨-乡村慢生活体验区
1 龙井村-布依族民俗农创旅游目的地
旅游环线
3 桐埜留香小镇
5 红岩峡谷-步道公园
7 石门扰绕-梯田景区
9 高坡星云小镇
旅游环线
10 云顶草原-脊嘛哈夜公园
4 黔陶陶茶体验基地
6 半坡村-精灵公园
8 摆弓岩-山地运动公园

溪南十锦（项目选址建议）

▲ 溪南十锦项目示意

▲ 扰绕村

乡村慢生活体验区、桐埜留香小镇、黔陶陶茶体验基地、红岩峡谷—步道公园、半坡村—精灵公园、石门扰绕—梯田景区、摆弓岩—山地运动公园、高坡星云小镇、云顶草原—暮曙暗夜公园等，这些项目业态丰富，类型多样，着重在推动旅游与文化、农业、茶叶等产业的深度融合，有效带动农民增收。这些项目的实施，大大提升了农民收入，2013—2017 年，花溪区农民可支配收入从 11604 元增长至 16353 元。同时，这些项目的开展，也推动南部片区成为花溪旅游发展的重点区域。

（二）花溪区主要旅游住宿接待设施情况

旅游住宿接待设施是旅游供给体系的核心环节。总体来说，贵州省在旅游住宿设施方面还存在星级饭店不足、多元化住宿设施缺乏等问题。截至 2016 年年底，贵州省星级饭店 337 家，与旅游发达省份还存在不小的差距。贵州省星级饭店数量仅相当于湖南省的 74%、云南省的 50%、四川省的 70% 和广西壮族自治区的 71%。其中，五星级饭店 6 家，星级饭店床位为 3.2 万张，在全国范围内排在倒数第八位 [1]。据不完全统计，截至 2017 年年底，贵阳市有五星级饭店 4 家、四星级饭店 21 家、三星级饭店 33 家 [2]。

表 2-1　贵阳市主要的五星级和四星级酒店一览

宾馆名称	地址	等级
*天怡大酒店	枣山路77号	五星、金叶
贵阳喜来登贵航酒店	中华南路49号	五星
世纪金源大饭店	金阳新区金阳南路6号	五星
贵州饭店	北京路66号	四星
贵州栢顿酒店	延安东路18号	四星
贵龙饭店	神奇路52号	四星
鲜花大酒店	中华南路1号	四星
*能辉酒店	瑞金南路38号	四星、金叶

---

[1]　孙志刚. 提升旅游服务质量电视电话会议，2016 年。
[2]　根据《贵阳市统计年鉴》相关数据整理。

续表

宾馆名称	地址	等级
*贵州丽豪大饭店	瑞金北路115号	四星、金叶
贵州武岳酒店	市南厂路1号	四星
贵州雅迪尔大酒店	中华南路7号	四星
贵州峰润喀斯特酒店	瑞金南路25号	四星
金芦笙小镇精品酒店	宝山南路82号	四星
贵州民族大酒店	南明区箭道街23号	四星
贵阳蓝天宾馆	南明区解放路	四星
西湖花园大酒店	宝山北路133号	四星
*西苑锦润酒店	小河区锦江路5号	四星、银叶
贵州都市怡景酒店	都市路122号	四星
贵州铝厂宾馆	白云区刚玉街	四星
贵阳夏日康桥酒店	白云区白云南路399号	四星
贵阳诺富特酒店	中华南路8号	四星
贵阳林城万宜酒店	遵义路326号	四星

（资料来源：根据网络资料整理而得，* 为绿色旅游饭店）

花溪区有四星级饭店 2 家，其他各类精品酒店和客栈约计 30 家。有万宜丽景酒店、金熙酒店 2 家四星级饭店，7 天连锁酒店、如家商旅、恒 8 等连锁酒店，引进了文凡·状元别院、爱书山房、大成精舍、黔粹行等一批高端精品酒店相继入驻。花溪区已经形成了星级饭店、精品酒店、民宿客栈、农家乐等为主体的旅游接待设施，并且正在推动精品酒店和客栈的规范

▲ 民宿卧室

化评级工作。2018 年，花溪区加大实施乡村旅游等级质量评定工作，评定各级各类乡村旅游村寨、乡村旅游客栈、农家乐共 18 家。但总体来说，花溪区当前高端住宿设施相对缺乏，非标准住宿设施尚待开发。

表 2-2　花溪区主要住宿设施一览

类型	名称	级别
星级酒店	万宜丽景酒店	四星
	金熙酒店	四星
	维特兰德花园酒店	三星
主题酒店	大成精舍酒店	金兰级避暑度假精品酒店
	文凡·状元别院	金兰级避暑度假精品酒店
	五彩黔艺天河驿栈	金兰级避暑度假精品酒店
	黔粹行艺栈	金兰级避暑度假特色客栈
	爱书山房文化客栈	银兰级避暑度假精品酒店
	青岩寿福客栈	银兰级避暑度假精品酒店
	彩歌堂	银兰级避暑度假精品酒店
	青岩随园客栈	铜兰级避暑度假精品酒店
民宿客栈	城南北苑客栈	精品级乡村旅游客栈
	西城别院客栈	精品级乡村旅游客栈
	观雨轩客栈	精品级乡村旅游客栈
	怡心别院客栈	精品级乡村旅游客栈
	易居客栈	精品级乡村旅游客栈
	古韵濛城酒店	优品级乡村旅游客栈
	寻枪别院客栈	暂无评级
	悦然梧桐客栈	暂无评级
	成有王记来去客栈	暂无评级

续表

类型	名称	级别
其他	格兰云天大酒店	暂无评级
	朵呱丽八民族风情酒店	暂无评级
	民族风情度假酒店	暂无评级
	贵阳喜百年酒店	暂无评级
	红阳宾馆	暂无评级
	青年宾馆	暂无评级
	心海岸酒店	暂无评级
	鑫星商务酒店	暂无评级

（资料来源：根据花溪区相关统计资料整理）

第三章　花溪全域旅游发展模式的机会和挑战

在国内经济下行压力增大，供给侧改革不断深入的背景下，文化和旅游融合不断深化，旅游业成为促进形成强大国内市场的重要领域。贵州省生态资源突出、民族文化异彩纷呈，近年来通过推动山地旅游发展、温泉省建设、公园城市建设等，提出了"国际知名山地旅游目的地""温泉省""千园之都""爽爽的贵阳"等建设目标和宣传口号，推动全域旅游发展。2012—2018年，贵州省旅游人数从2.14亿人次增长到9.69亿人次，年均复合增长率为28.6%[①]。旅游业在全国范围内实现了领先增长。

第一节　贵州省及贵阳市旅游发展总体战略

花溪全域旅游发展模式是在贵州省践行生态文明，推动绿色发展和实施"大扶贫、大数据、大生态"三大战略的背景下提出的。花溪全域旅游发展模式是贵州省建设国际山地旅游度假目的地发展战略的有机组成部分。贵阳市大数据产业的快速发展

---

① 2018年贵州旅游业持续井喷全年旅游收入超过9400亿元［EB/OL］. 中商情报网大数据，2019-02-20.

以及贵阳"千园之城"建设计划为贵阳市花溪区全域旅游模式的形成奠定了基础条件，也成为花溪全域旅游得以全面展开、快速发展的重要前提。

一、贵州省践行生态文明，构筑全域旅游发展的绿色基调

贵州省生态环境良好，山地、丘陵面积占全省土地面积九成以上，山环水绕，风光秀美。2014年3月7日，习近平总书记参加全国"两会"贵州代表团审议时指出："贵州风景名胜资源丰富，素有'公园省'之美誉，自然风光神奇秀美，山水景色千姿百态，自然风景和古朴浓郁的民族风情交相辉映，红色文化资源丰富，这为发展旅游业提供了得天独厚的条件，要把旅游业做强做大。"近年来，贵州省秉承"绿水青山就是金山银山"的生态发展理念，在发展中坚持生态优先、绿色为基，牢牢把握发展和生态两条主线，着力推动绿色经济、绿色技术、绿色产业发展。立足贵州山地、丘陵突出的特点，以打造国际山地旅游目的地为突破口，探索生态环境保护和经济社会发展的良性互动，推动绿色发展、低碳发展和循环发展。2016年贵州省入选国家级生态文明示范区，推进五级河长制、生态保护红线等多项改革措施，实施治污减排、生态修复等工程，构筑绿色发展的基础。同时推进国际山地旅游目的地建设、"公园省""千园之城"建设，打造"温泉省"，着力培育绿色经济支撑点。这些举措为贵州省全域旅游奠定了绿色发展的基调。

二、实施"大扶贫、大数据、大生态"战略，引领经济全面转型

面对山区面积广、少数民族多、贫困面积广、贫困程度深、扶贫任务艰巨等现实问题，贵州省通过改革创新，推动农村"三变"改革，让贫困地区的土地、劳动力、生态资源等活起来，让资源变资产、资金变股金、农民变股东，让绿水青山变金山银山，促进农民增收。同时，贵州省充分利用蓬勃发展的大数据产业和旅游产业的优势，积极推进"大数据+扶贫""旅游+扶贫"等多元化的产业扶贫模式，出台了《贵州省发展旅游业助推脱贫攻坚三年行动方案（2017—2019年）》，优先对贵州省14个深度贫困县、20个极贫困乡（镇）和2760个深度贫困村的旅游资源进行开发。通过乡村旅游、旅游商品、旅游资源开发、旅游景区带动、旅游项目建设等带动乡村深度贫困地区脱贫。贵州省在国家大数据综合试验区建设中，推进大数据的商用、民

用和政府应用，积极培育大数据相关业态，重点扶持相关大数据企业发展，并利用大数据助力精准扶贫，建立农商互联大数据平台，推动贫困地区的农产品生产、流通和销售各个环节同市场需求的精准对接，通过大数据平台统计、梳理和监测，大大提升了政府治理贫困的能力。另外，贵州省把"绿色 +"融入经济发展的全过程，一方面加强环境污染的治理工程，另一方面着力发展环境友好型、资源节约型的山地旅游、康养度假、中医药等绿色产业发展，引领经济的全面转型。

三、打造国际一流山地旅游目的地，力促全域大度假格局形成

山地旅游是贵州实施"大扶贫、大数据、大生态"三大战略的结合点，是立足贵州省山地旅游资源丰富的特色而提出来的，对实现经济和生态和谐发展意义重大。山地旅游是立足贵州自然生态和民族文化两个优势资源，推动全省全域旅游发展的基本着力点。贵州省提出要努力建设世界知名的山地旅游目的地，力争到 2020 年全省旅游接待总人数达到 8 亿人次以上，人均停留 2.5 天，旅游业总收入达到 1 万亿元以上，旅游业增加值占全省 GDP 的比重提高到 12% 以上[①]。贵州省决定要通过文旅融合，加快全域旅游示范省建设，创建世界一流山地旅游目的地，确保旅游总收入和入黔游客分别增长30%以上，保持旅游持续井喷式发展势头[②]。为此，贵州省连续举办"国际山地旅游大会"，编制《贵州山地旅游发展规划》，成立国际山地旅游研究中心和国际山地旅游联盟，制定山地旅游行业标准，进行山地旅游资源的普查工作，发布《国际山地旅游减贫宣言》等。同时，创新山地旅游业态和产品，如打造一批户外运动基地、休闲康养基地、山地度假基地等，开展国际山地旅游文化交流和体育竞技交流等。通过发展山地旅游的一套"组合拳"，不断抢占山地旅游发展的理论、行业、产业和舆论的制高点。此外，贵州省制定《贵州温泉产业发展规划》，提出打造高水平的"温泉之省"、成立温泉省产业发展领导小组，推动贵州省温泉资源同山地旅游的融合发展，以休闲康养、体育竞技、户外运动为主要内容的山地度假格局初步形成。2018 年贵州省接待旅游总人次 9.69 亿，比上年增长 30.2%，实现旅游总收入

---

① 参见卢雍正 2017 年在全省旅游工作会议上的讲话。
② 李三旗. 锐意改革务求精准高效，推动文旅融合高质量发展［Z］. 2019-01-12.

94.71.03 亿元，增长 33.1%。旅游业快速发展，全域大度假格局初步形成。

四、花溪区确定"大花园、大溪流"发展目标，旅游实现井喷式增长

2014 年，以贵阳市花溪区建设文化旅游创新区为契机，贵阳市委、市政府出台了一系列的鼓励文件和措施，如《中共贵阳市委、贵阳市人民政府关于支持花溪建设文化旅游创新区的意见》《花溪建设文化旅游创新区三年行动计划（2015—2017 年）》以及《贵阳市支持花溪建设文化旅游创新区工作实施方案》等。意见明确提出要发挥花溪区"大花园、大溪流"的主要特色，把花溪区建设为生态优势凸显、文化繁荣、旅游产业发达、城乡环境优美、人民生活殷实的文化旅游创新区。2016 年 2 月，花溪区成功入选国家全域旅游示范区首批创建单位，在贵州省、贵阳市总体发展战略指引下，花溪区立足自身发展实际和优势资源条件，提出了"大花园、大溪流"的发展战略，推进全域旅游体系构建。以贵州省"大生态"战略和"公园省"建设为依托，重点围绕花溪国家城市湿地公园，推动景城融合、山水融城，实施了"碧水、蓝天、绿地、田园"四大环保行动。以"公园省"建设为目标，绿化美化主要街区，新建城

▲ 十里河滩

市公园 89 个，构筑城市绿地系统。此外，通过创新体制机制、完善基础设施和交通条件，为产业发展保驾护航。在产业体系上推动生态优势同产业优势的相互转化，本着"产业生态化、生态产业化"的原则，推动大数据、文化旅游、休闲娱乐、休闲农业等多个产业发展，推动经济全面转型。实施"旅游 +"战略，推动旅游同农业、工业、商业、大数据等多个产业的深度融合，实现了旅游业的"井喷式"增长。花溪区创建全域旅游示范区以来，旅游业实现井喷式增长，2016—2018 年，花溪区旅游收入连续三年增速达 25% 以上，旅游业实现持续"井喷"增长。2018 年，花溪区共接待游客 3739.61 万人次，同比增长 27.69%，旅游收入 370.87 亿元，同比增长 38.33%。人均消费 1054 元，过夜游客人均停留天数 1.3 天，外省游客 2005.62 万人次，同比增长 14.32%，入境游客 100518 人次。旅游业已经成为花溪区的战略支柱产业。

第二节　花溪区在贵阳市的发展比较和定位

贵阳市下辖 6 区 3 县 1 市，六个城区分别是观山湖区、云岩区、南明区、花溪区、乌当区、白云区；三县包括修文县、息烽县、开阳县；1 市为代管的县级市清镇市。2012 年，贵阳国家经济技术开发区的小河区被纳入花溪区，花溪区土地面积、人口、经济结构经历调整。花溪区面积 964.14 万平方千米、人口 66.7 万，在贵阳市六个城区中，面积位列第一，人口在各区县中位列第三。

一、花溪区是贵阳市生态、教育、文化特色突出的文旅融合功能区

作为贵阳市的近郊区，花溪不仅拥有雄厚的经济基础，也是重要的文化教育和生态旅游区。花溪公园、十里河滩是贵阳市民传统的度假休闲地。贵州大学、民族大学、孔学堂等都坐落于此。同时，贵阳市唯一的国家 5A 级旅游景区青岩古镇也位于花溪区境内。花溪区工业发展水平高，二、三产业占绝对主导地位，2018 年 GDP 总量在贵阳市各区县中位列第三，特别是近年来以大数据为主的服务业发展迅猛，旅游产业实现"井喷式"增长，花溪区经济增速在贵阳市和贵州省均处于先进行列。2018年公布的《贵阳市中心城区控制性详细规划（总则）——花溪组团》中，对花溪区的

▲ 贵阳市花溪区

最新定位为：建设以生态文明理念为统揽，公平共享的全域旅游文化创新区。提出了"一核三区、山水融城"的生态格局。"一核"是指以花溪国家城市湿地公园为生态核心，"三区"分别是：第一，以贵州大学、民族大学、孔学堂等为代表的文化教育功能区，重点产业包括文化教育、大数据产业。第二，高品质商圈、生产性和生活性服务为代表的现代服务业集聚区。第三，以康养、数字服务、休闲旅游、文创等为主导产业的文旅融合功能区① 。

二、花溪区在贵阳市 GDP 中占比不断攀升，过去十年经济增长明显快于贵阳市整体经济发展

从 2008—2018 年的经济发展看，除去 2018 年，贵阳市 GDP 均保持了两位数

---

①　贵阳市城乡规划局官网，2018－04－30.

的高速增长，花溪区经济增速明显领先于贵阳市的经济增长速度。花溪区 GDP 在贵阳市总体 GDP 中的占比也连年攀升，从 2008 年的 7.32% 上升到 2018 年的 16.86%，特别是 2012 年之后，由于花溪区区划的调整，小河区的并入使得花溪区经济发展得到强势提升，在贵阳市各区县中的地位得到凸显。

表 3-1　花溪区和贵阳市 GDP 增长态势对比 [①]

年份	贵阳市		花溪区		比重
	GDP（亿元）	贵阳市GDP同期增长（%）	GDP（亿元）	花溪区GDP同期增长（%）	花溪区占贵阳市（%）
2008	811.05	13.10	59.37	16.00	7.32
2009	902.61	13.30	66.24	15.10	7.34
2010	1121.80	14.30	79.59	14.60	7.09
2011	1383.07	17.10	98.79	18.10	7.14
2012	1700.30	15.90	119.53	17.00	7.03
2013	2085.42	16.00	275.16	17.10	13.19
2014	2497.27	13.90	362.52	14.80	14.52
2015	2891.16	12.50	494.97	12.40	17.12
2016	3157.71	11.70	536.91	11.70	17.00
2017	3537.96	11.30	602.28	12.30	17.02
2018	3798.45	9.90	640.45	10.70	16.86

（资料来源：根据历年花溪区统计公报和统计年鉴整理计算而得）

从经济增长速度看，2008 年以来，虽在 2010 年和 2015 年增长速度略有下降，但花溪区经济增长速度总体快于贵阳市经济增长。2016 年随着花溪区被列入全国首批全域旅游示范区创建单位，花溪区出台多项财政、土地、投资、金融等政策推动全域旅游发展，大型文旅项目不断落户花溪，外部环线打通、内部交通得到改善，基础

---

①　表中 GDP 增长率均以可比价格计算。

设施和公共服务不断完善，随着一系列大型项目的建设和旅游配套设施的完善，旅游经济发展势头迅猛，带动花溪区经济增长效应明显。2017—2018 年，花溪区 GDP 增速显著高于同期贵阳市的经济增速。

▲ 2008—2018 年贵阳市及花溪区 GDP 增速对比

三、在贵阳市各区县中，花溪区经济实力较强，经济总量位居前三，经济增长速度适中

在贵阳市各区县中，以 2018 年统计数据来看，花溪区经济总量仅次于云岩区和南明区，位居第三，达到 640.45 亿元，同比增长 10.70%，在所有区县中，增长速度位居第五，略低于观山湖区、南明区、修文县、开阳县等。

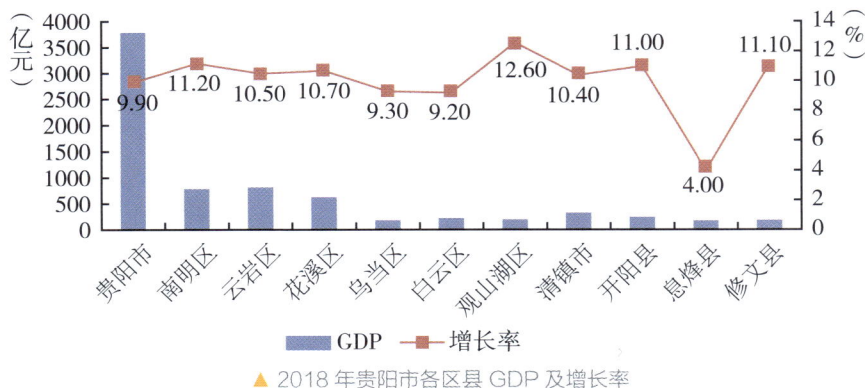

▲ 2018 年贵阳市各区县 GDP 及增长率

四、近十年花溪区旅游业发展明显领先于贵阳市总体水平，旅游经济高质量发展趋势明显

2008—2018 年，贵阳市和花溪区旅游收入都得到大幅提升，分别从 2008 年的 187.29 亿元和 23.19 亿元提升到 2018 年的 2456.6 亿元和 370.87 亿元。花溪区在 2012 年经历行政区划和统计口径调整，除在 2012 年旅游接待人次和收入均呈现负增长外，花溪区旅游经济保持了明显高于其经济增长的蓬勃发展态势。

花溪区旅游接待人次占贵阳市旅游接待的人次比重从 2008 年的 39.7% 下降为 2018 年的 19.84%，但花溪区旅游收入占贵阳市旅游收入的比重却从 12.38% 提升为 15.09%，这也反映出在过去十几年的发展中，花溪区旅游人均消费不断提升，旅游经济效益不断优化的趋势。

表 3-2　贵阳市和花溪区旅游接待和收入比较

年份	贵阳市				花溪区			
	旅游总人数（万人次）	增长率（％）	旅游总收入（亿元）	增长率（％）	旅游总人数（万人次）	增长率（环比％）	旅游总收入（亿元）	增长率（环比％）
2008	2625.85	12.88	187.29	49.50	1042.51	50.10	23.19	51.80
2009	3288.47	25.23	294.85	57.43	1087.07	17.30	39.62	70.85
2010	3946.91	20.02	425.96	44.47	1097.25	0.94	60.47	52.62
2011	5250.42	33.03	612.37	43.76	1541.82	40.52	93.92	55.31
2012	6344.21	20.83	602.70	−1.58	1102.99	−28.46	86.62	−7.77
2013	6022.50	−5.17	728.66	20.90	1150.30	4.29	98.44	13.65
2014	7240.10	20.22	874.39	20.00	1387.30	20.60	118.42	20.30
2015	8477.80	17.10	1040.53	19.00	1627.30	17.30	141.99	19.90
2016	11091.79	30.83	1389.51	33.54	2182.18	34.20	197.79	39.30
2017	14877.54	34.13	1871.95	34.72	2928.63	34.21	268.10	35.55
2018	18846.25	26.68	2456.56	31.23	3739.61	27.69	370.87	38.33

从全市范围看，2008—2012 年，花溪区旅游收入增速显著快于贵阳市总体水平，呈现出强劲的发展态势。2012—2015 年，花溪区旅游收入增速慢于贵阳市总体增速，逐渐被一些区县超越。2015—2018 年，围绕花溪区文化旅游创新区建设、花溪区全国首批全域旅游示范区创建工作的开展，为花溪区旅游发展提供了强劲动力，花溪区再次引领贵阳市旅游经济发展。

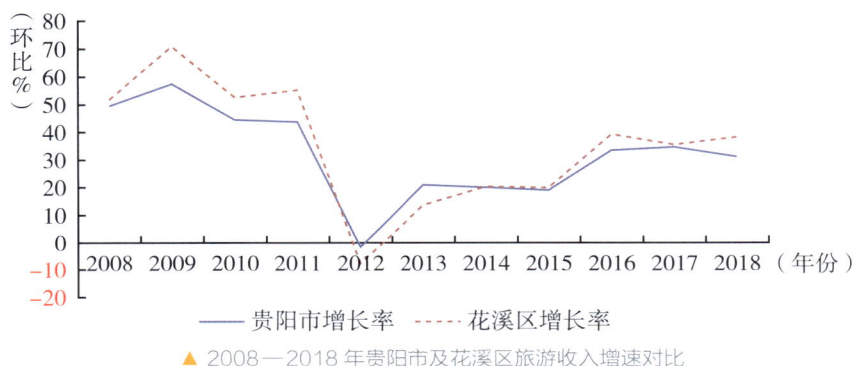

▲ 2008—2018 年贵阳市及花溪区旅游收入增速对比

五、在贵阳市各区县中，花溪区旅游接待和收入位列前茅，增长迅猛，正在成为重要的近郊休闲度假目的地

2018 年，贵阳市接待旅游人数达到 1.884625 亿人次，在各区县中，花溪区接待 3739.61 万人次，位居第一。贵阳市旅游总收入达到 2456.56 亿元，花溪区旅游总收入达到 370.87 亿元，位居第三，低于云岩区和南明区两个老城区。云岩、南明和花溪三个区旅游接待人数占贵阳市接待游客总量的 47.6%。一方面，作为近郊区，花溪区具有优良的生态条件、低密度的居住方式、相对开敞的地域空间，旅游接待人次呈上升趋势。另一方面，花溪区人均旅游消费水平显著低于云岩区和南明区等传统老城区，远没有达到寸土寸金、物价昂贵的城区水平，仍然具有开发成为近郊度假旅游目的地的巨大潜力。

表 3-3　2018 年贵阳市各区县经济及旅游业发展态势对比

各区县	年份	旅游总人数（万人次）	增长率（%）	旅游总收入（亿元）	增长率（%）	GDP（亿元）	GDP同期增长（%）
贵阳市	2018年	18846.25	26.68	2456.56	31.23	14806.45	9.10
南明区	2018年	2257.95	24.20	618.49	30.10	800.36	11.20
云岩区	2018年	2955.79	23.67	736.45	25.33	830.00	10.50
花溪区	2018年	3739.61	27.69	370.87	38.33	640.45	10.70
乌当区①	2018年	1826.52	35.90	147.54	43.80	190.75	9.30
白云区②	2018年	—	—	97.01	34.47	231.58	9.20
观山湖区③	2018年	—	—	98.00	35.00	207.07	12.60
清镇市	2018年	1898.89	28.33	116.62	35.38	335.93	10.40
开阳县	2018年	—	—	—	—	255.00	11.00
息烽县	2018年	1050.98	28.90	72.73	35.00	186.79	4.00
修文县	2018年	1699.42	29.00	136.98	35.10	193.11	11.10

（资料来源：根据花溪区统计公报和统计年鉴整理而得）

综上，花溪区是贵阳市重要的近郊区，经济实力强，工业基础较好，服务业较为发达，农业占比很小。在过去十年的发展中，花溪区在经济发展和旅游发展中均保持了蓬勃的增长态势，明显快于贵阳市总体发展，正在逐渐成为贵阳市重要的以生态、绿色发展为引领，以工业基础为依托，以文化和旅游为主要内容的近郊经济增长极。

---

① 旅游数据来源：乌当区 2018 年经济社会发展回顾。
② 旅游数据来源：白云区 2018 年经济社会发展回顾。
③ 旅游数据来源：观山湖区 2018 年国民经济和社会发展计划执行情况及 2019 年国民经济和社会发展计划（草案）的报告。

第三节　花溪全域旅游发展面临的机会与挑战

2016 年以来，随着供给侧结构性改革的深化，我国经济运行的质量和效益明显改善。2016—2018 年，我国经济增长速度保持了 6.7%、6.9% 和 6.6% 的增长。"十三五"时期正是我国全面建成小康社会的关键期，社会的主要矛盾已经转化为：人民日益增长的美好生活需要和不平衡不充分的发展之间的矛盾。旅游业成为美好生活方式的重要载体，国内旅游市场呈现蓬勃发展的态势。以人民美好生活为目标的旅游休闲产品日益丰富、基础设施、公共服务水平不断提升，2016—2018 年，国内旅游人数连年攀升，分别为 44 亿人次、50.01 亿人次和 55.4 亿人次。国内旅游总收入分别达到 3.94 万亿元、4.57 万亿元和 5.13 万亿元 [1]。花溪全域旅游发展就是在全国旅游业蓬勃发展的态势下，放眼国内外发展机会和竞争态势，基于自身优势而做出的对发展模式和路径的全新探索。

一、花溪全域旅游发展面临的机会

（一）绿色发展和生态文明建设融入社会经济发展的全领域

党的十八届五中全会提出了创新、协调、绿色、开放、共享的发展理念，是在我国工业化进行到中后期阶段，对现实中产生的环境破坏、环境污染问题的深层回应。绿色发展成为经济转型、社会发展的潮流。而以"绿水青山就是金山银山"为代表的发展观念和思想是生态文明同经济发展关系的最朴素表达 [2]。2017 年，"树立和践行绿水青山就是金山银山"写进党的十九大报告，成为指导我国当前社会经济发展的重要理念。如何处理好环境保护同经济发展的关系，促进生态优势同产业优势之间的双向转化，如何促进绿色产业、环保产业发展，推动清洁能源、绿色技术应用，建立绿色产业体系，壮大旅游经济，建设环境友好型和资源节约型社会，成为中央和地方政

---

[1]　根据文化和旅游部相关数据，央广网，2019 年 2 月 13 日。

[2]　2003 年 8 月，习近平同志在《环境保护要靠自觉自为》一文中首次使用绿水青山比喻生态环境，用金山银山代指经济发展，论述了二者的辩证关系。

府最为关心的问题。在此背景下，作为"无烟工业"的文化旅游产业成为资源枯竭型城市的接续产业，也是把"绿水青山"转化为"金山银山"，把生态环境优势转化为经济优势的幸福产业。这一发展理念在社会经济领域的全面践行，为花溪区这种具有生态优势的地区指明了发展的方向。

（二）公园城市建设成为探索新型城镇化道路的重要实践

2018年2月，习近平总书记在四川视察期间，提出了：成都天府新区要突出公园城市特点、把生态价值考虑进去。随后四川省开展了公园城市建设试点工作。其实，早在"公园城市"概念提出之前，公园城市建设实践就在一些城市展开，如深圳提出了"公园之城"、2015年贵阳就提出了"千园之城"建设。公园城市是城市发展理念的转变，是对我国城镇化过程中存在的污染、拥挤、交通堵塞等一系列大城市病的回应，是探索新型城镇化道路的有益实践。花溪区地处贵阳市近郊，是贵阳市推动城乡融合、探索新型城镇化道路的重点区域。花溪区森林覆盖率高，人均绿地面积较大，花园、溪流生态条件较好，公园城市发展理念的提出以及在国内多地的实践，为花溪区发挥自身优势，实现跨越式发展提供了可能。

（三）以"旅游＋""互联网＋"为代表的融合发展蕴含大量机会

随着技术进步和消费需求升级，产业之间的边界在不断模糊，以"旅游＋"为代表的融合式发展，其实质是旅游产业同传统的农业、工业、服务业等多个门类之间的市场融合、技术融合过程。旅游业同传统产业的结合，延长了产业链条，是对传统产业价值链的再造，也因此形成了一系列新的业态。"互联网＋"通过技术手段革新，对传统行业的运营方式、盈利模式产生了颠覆性的变革，这中间蕴含了大量的产业发展和崛起的新机会。花溪区生态环境好、工业基础较强、民族文化多样，特别是近年来大数据产业发展迅猛，工业、农业、商业、文化产业、大数据产业等综合发展优势明显，为推动"旅游＋""互联网＋"的融合发展模式提供了可能。此外，花溪区距离贵阳市区较近，背靠巨大的城区消费市场，具有雄厚的人才和科技资源支撑，为旅游新业态、新产品的产生、新技术在旅游业的应用提供了可能。

（四）贵州省大度假格局形成过程中，花溪区的重要性得到提升

面对国内旅游消费潮流从观光型向度假型的转变，贵州省提出了以"山地旅游"为统领，大力发展山地度假、户外运动、体育赛事、温泉康养等多个旅游度假产业。这是传统山地观光旅游的升级版。观光旅游以名山大川、瀑布河流、地形地貌等垄断性资源为依托，而度假型旅游更为注重便利性、舒适性、文化性和多样性，对垄断性资源的依赖在降低，对地区的总体基础设施状况、公共服务水平、交通体系建设、产业体系发育程度提出了较高要求。花溪区传统上垄断型自然和文化资源缺乏，区内仅有青岩古镇为国家 5A 级旅游景区。但突出优势在较为健全的产业体系、较为便利的交通条件、相对完善的基础设施和服务，较为优良的环境条件、较为发达的接待体系，还有散落在区内的多个民族村寨、国家级的湿地公园以及山水自然景区，这些都为花溪区发展度假旅游提供了可能。因而，在贵州省大度假格局形成的过程中，花溪区的优势将不断得到凸显。

二、花溪全域旅游发展存在的主要挑战

（一）贵州省多个地市旅游发展势头迅猛

2018 年贵州省接待旅游总人次 9.69 亿，比上年增长 30.2%，实现旅游总收入 9471.03 亿元，比上年增长 33.1%。2016 年以来，贵阳市旅游接待年均增长率超过 30%，旅游业实现井喷式增长。在贵州省"山地旅游""温泉省"等一系列利好政策的刺激下，近年来贵州省旅游业发展在全国省会城市中成绩亮眼。不断涌现出多个旅游热点地区和创新性的旅游发展模式，如黔东南、黔西南等地区受到全国瞩目。西江千户苗寨、中国天眼、镇远古镇、百里杜鹃成为贵州新的代表性景区。在全国范围内形成了品牌，具有一定的市场号召力，有些还形成了创新型的发展模式。花溪区全域旅游发展依托的自然山水资源独特性相对不足、少数民族文化资源不够突出，面临省内多个地区的强劲竞争，如何扬长避短，实现错位发展，成为花溪区面临的最大挑战。

（二）文化旅游产业升级、产品迭代速度不断加快

当今，传统的旅游产品已经很难满足日益分化的旅游消费需求。消费需求的多元

化、个性化趋势要求旅游生产的创意性和定制化。旅游组织方式的小团体化、亲密化、社区化、高流动性都要求旅游产业链条的重整和重塑。低空旅游、自驾旅游、研学旅行、汽车营地、非标住宿、户外运动等多种旅游度假方式和新产品的兴起，预示着旅游产业升级、产品迭代的速度在不断地加快。例如，以"中国天眼"为吸引物的研学旅行的悄然兴起，是市场的自发选择，使得很多地区始料未及。又如，如何把握当今老年旅游、亲子旅游、家庭旅游等多个消费市场的消费偏好，能够满足他们潜在的消费需求，对目的地的创新能力提出了巨大的挑战。

（三）全国其他全域旅游示范区创新举措不断出台

在全国两批共计 500 多家的全域旅游示范区创建单位中，花溪区无论从旅游资源、基础条件、发展水平、旅游产业所占份额来说，都不算特别突出。各个创建单位都以旅游业为优势产业，采取了一系列的优惠政策，大力推动旅游业发展。有的进行了体制机制的改革创新，有的在基础设施方面投入巨大，成效显著。有的在旅游投融资方面、促进景城融合方面创意多多。全国全域旅游示范区的创新性举措，对花溪区全域旅游的发展提出了巨大的挑战。传统的旅游管理体制、旅游经营模式、旅游组织方式、旅游供给体系都面临全方位的调整，这种转型和调整不是局部的、表层的，而是全局性的、更深层次的。需要以创新体制机制和创新政策体系为核心，推动整个旅游供给侧的改革，从而释放出巨大的改革红利，推动市场化的创新，推动供给同旅游需求的有效对接。这个挑战无疑是巨大的，这个转型更是艰难的。

第四节　花溪全域旅游发展的优势条件与突破路径

在绿色发展、融合发展和高质量发展的背景下，旅游发展从观光向度假转变，从粗放式的低质量开发向精细化高质量转变。贵州省以生态文明和经济发展为主线，以山地旅游统领全省全域旅游发展，推动全省大度假格局的形成。贵阳市"大扶贫、大数据、大生态"发展战略为全域旅游发展提供了战略方向，贵阳市公园城市建设为花溪区全域旅游发展提供了坚实支撑。旅游发展理念和模式的调整，孕育着极大的发展机会。花溪全域旅游发展正面临这样的机遇。但同时，花溪全域旅游发展也面临省内多个区县和地市的竞争，面临着来自其他省市全域旅游示范区的挑战，特别是在旅游产业升级、旅游产品迭代日益迅速的今天，如何把握潮流、占得先机，花溪区面临着巨大的挑战。

检视自身发展条件，花溪区无论是旅游资源、核心吸引物还是基础设施、旅游配套设施方面都不够突出。旅游发展在一定程度上存在缺乏亮点、旅游品牌定位不够清晰、产业融合程度有待加强等问题，具体来说：一是旅游基础设施相对落后，高速公路和景区连接路况较差，外部交通制约明显，标识标牌不完善等；二是旅游配套设施不完善，多元化住宿设施缺乏，星级酒店数量较少，内部交通网络尚未形成等；三是旅游服务不适应需求。旅游服务的智慧化程度有待提高，票务、住宿、餐饮、游览等服务集成化不够，特别是针对散客的信息、安全、医疗、救援等服务不够健全；四是市场化程度不足，大型市场主体有待培育，市场化运作不足等。

但同时，在以生态度假为核心的全域旅游发展格局下，花溪区旅游业实现跨越式发展也具备了很多优势条件，如何发挥优势、实现突围？花溪区必须把握机遇、发挥优势，应对挑战。

一、交通网络发达、区位条件优越

作为贵阳市的辖区，花溪区位于贵阳市南部，北接乌当区和南明区，西临贵安新区①，交通网络发达，区位条件优越。花溪区离高铁站、机场均在半小时车

▲ 花溪区离贵阳北、东站距离图

---

① 花溪区的湖潮、党武两个乡镇属于贵安新区。

程。以航空条件看，贵阳龙洞堡国际机场是西南地区第四家国际机场，现已成为西南地区重要的航空枢纽。花溪区有三条道路直达机场，全程大约 30 千米。贵阳火车站、贵阳北站，有沪昆高铁、贵广高铁、成贵客运专线、黔贵高铁等高速铁路。花溪区到高铁站的距离较近，交通工具选择多，非常方便。花溪区过境高速公路有三条，分别为 G210 国道、G320 国道、G69 国道，可通过贵阳市环城高速、南环高速、贵惠高速实现连接，区内有 8 个高速路入口，外部交通非常方便。此外，贵阳环线旅游公路贯穿南片区，贵阳轨道交通布局直通花溪，城铁 3 号线将直接联系贵阳中心城区和花溪区。近年来，随着甲秀南路、西南环线绕城高速公路、花冠路等道路相继通车，花溪区与贵阳市中心城区之间的距离缩短，交通更加便捷，整个花溪区的交通条件得到极大的改善。

二、生态优良，气候宜人，居住密度低

花溪区具有冬无严寒、夏无酷暑、四季常青的气候特点。花溪区位于云贵高原东斜坡上，地理位置北纬 26°11′到 26°30′，海拔 1010～1655 米。花溪区的地貌以山地和丘陵为主，具有高原季风湿润气候特点，冬无严寒、夏无酷热，无霜期长，雨量充沛，湿度较大。花溪区终年凉爽舒适，气候宜人，空气优良天数 341 天。1971—2010 年 40 年的气象统计资料表明，最冷月（1 月）平均气温为 4.8℃，最热月（七月）23.1℃[①]。2009 年，花溪区国家级生态示范区通过国家环保部验收，2011 年获得命名并授牌。2011 年 9 月，西南首个国家城市湿地公园——花溪国家城市湿地公园向游人开放。2013 年，花溪区成为贵州同步小康创建达标县。根据《贵阳市中心城区控制性详细规划（总则）——花溪组团》：花溪组团规划建设用地 43.69 平方千米，其中城市建设用地 42.74 平方千米，居住人口 52 万，建筑总量不超过 4960 万平方米，容积率 1.16。根据第六次人口普查数据，花溪区在贵阳市各区县中人口密度显著低于其他城区，居住环境优良。宜人的气候条件，低密度的居住环境，为花溪发展旅游度假奠定了良好的基础。

---

① 汪圣洪. 贵阳花溪区生态旅游气候资源评价及其利用. "S7 气候环境变化与人体健康"会议，2012.9.

表 3-4　贵阳市各区县人口密度 [①]

地区	人口（人）	比重（%）	人口密度（人/平方千米）
贵阳市	4324561	100	538
南明区	829948	19.19	3966
云岩区	957535	22.14	10233
花溪区	360054	8.32	402
乌当区	376920	8.72	427
白云区	264543	6.12	1019
小河区	248159	5.74	3933
开阳县	358130	8.28	177
息烽县	212879	4.92	205
修文县	248955	5.76	231
清镇市	467438	10.81	313

▲ 花溪生态环境优美

①　根据 2010 年第六次人口普查数据。2012 年贵阳市行政区划调整，小河区并入花溪区。

三、丰富多彩的文化资源

自古以来花溪区就是汉族和少数民族融合之地，留下了丰富的历史人文古迹。花溪区民族风情浓郁，人文古迹众多，区内有38个民族[①]。少数民族中，苗族和布依族人口较多，花溪有5个少数民族乡镇，分别是高坡苗族乡、湖潮苗族布依族乡、孟关苗族布依族乡、黔陶布依族苗族乡、马铃布依族苗族乡。各民族的融合杂居，形成了花溪区独特的文化魅力，少数民族的建筑、服饰、饮食、民俗、节日、工艺都成为重要的旅游文化资源。同时，花溪区特有的军事文化、宗教文化、儒家文化、红色文化遗存众多，丰富多彩。国家5A级旅游景区青岩古镇就是典型的代表。截至2018年，花溪区有各级文保单位64处，其中，全国重点文保单位1处，省级文保单位11处，市级文保单位24处，区级文保单位28处。

表 3-5　花溪区国家级和省级文物保护单位一览

文保单位名称		保护级别	年 代	公布时间	批数	类别
青岩古道	周王氏媳刘氏节孝坊	国家级	清代	2013.3.5	第七批	古遗址
	赵理伦百岁坊		清代			
	赵彩章百岁坊		清代			
	宫詹桥		清代			
	青岩桥		明代			
青岩教案遗址		省级	清代	1985.11.2	第二批	古遗址
周渔璜墓		省级	清代	1985.11.2	第二批	古墓葬
赵以炯状元故居		省级	清代	1999.12.21	第三批	古建筑

[①] 邓卫红. 城镇化进程中的少数民族文化传承与保护——以贵阳市花溪区为例. 贵州民族研究，2014（9）。

续表

文保单位名称	保护级别	年 代	公布时间	批数	类别
慈云寺	省级	清代	1999.12.21	第三批	古建筑
镇山村	省级	明代	1995.7.7	第三批	古建筑
花溪西舍	省级	1958年	1995.7.7	第三批	近现代重要史迹及代表性建筑
万寿宫	省级	清代	2006.6.6	第四批	古建筑
文昌阁	省级	清代	2006.6.6	第四批	古建筑
龙泉寺	省级	清代	2006.6.6	第四批	古建筑
花溪桐埜书屋	省级	清代	2015.5.21	第五批	古建筑
花溪燕楼金山洞摩崖石刻	省级	元、清	2015.5.21	第五批	摩崖石刻

（根据花溪区文广局相关资料整理）

▲ 花溪区丰富多彩的文化资源　摄影：杨秀勇

花溪区各族人民在生产生活中也创造了大量的非物质文化遗产。截至 2018 年年底，花溪区有各级非物质文化遗产 53 项，其中国家级非物质文化遗产 1 项，省级 9 项，市级 13 项，区级 20 项。此外，在传统文化之外，近年来花溪区注重传统文化同现代生活的连接，坚持举办"花溪之夏"艺术节、天河潭浪漫七夕、青岩舞狮耍龙、跳花灯等，已经形成品牌活动，邀请理查德·克莱德曼在青岩古镇举办大型实景钢琴音乐会等活动，把流行文化同传统文化结合起来，形成花溪独特的文化魅力。

表 3-6　花溪区国际级、省市级非物质文化遗产一览

序号	项目名称	项目类别	级别	批准时间
1	花溪苗绣	传统技艺	国家级	2007年
2	花溪孟关苗族猴鼓舞	传统舞蹈	省级	2007年
3	高坡苗族射背牌	民俗类	省级	2007年
4	青岩花灯戏	民俗类	省级	2007年
5	花溪高坡苗族银饰制作工艺	传统技艺	省级	2007年
6	花溪高坡苗族芦笙制作工艺	传统技艺	省级	2007年
7	花溪布依族纸染绣花制作工艺	传统技艺	省级	2007年
8	青岩玫瑰糖制作工艺	传统技艺	省级	2007年
9	贵阳（花溪）苗族服饰	民俗类	省级	2007年
10	花溪区苗族跳场	民俗类	省级	2007年
11	花溪大寨地戏	传统戏剧类	市级	2007年
12	花溪区布依族叙事歌	民间文学类	市级	2007年
13	花溪区青岩刺梨糯米酒酿造工艺	传统技艺	市级	2007年
14	赵司贡茶	传统技艺	市级	2007年
15	花溪区高坡乡苗族悼洞	民俗类	市级	2009年
16	花溪区高坡乡苗族绣背牌	传统技艺	市级	2009年
17	花溪区青岩镇豆制品制作工艺	传统技艺	市级	2009年
18	花溪芦笙花鼓舞	传统舞蹈	市级	2013年
19	花溪区青岩镇纸扎工艺	传统技艺	市级	2013年
20	苗家梳艺	传统技艺	市级	2018年
21	青岩糕粑稀饭制作技艺	传统技艺	市级	2018年
22	敲牛祭祖	民俗	市级	2018年
23	榜郎古歌	民间文学	市级	2018年

（根据花溪区文广局相关资料整理）

▲ 高坡苗族跳月

四、雄厚的工业基础和经济实力

2018 年，贵州省总体呈现出快速发展的势头，凸显了生态优势和后发优势，发展潜力巨大。在贵州省打造国际山地度假旅游目的地、发挥生态优势，打造公园省的大战略牵引下，经济实现了快速增长。增长水平显著快于全国 GDP 增速。在贵州省各区县中，贵阳市 GDP 达到 3798.45 亿元，增长率达到 9.9%。黔西南州、黔南州、遵义市、毕节市、安顺市等 GDP 实现了两位数的增长，经济发展较快。贵阳市经济基础良好，经济体量较大，是西南地区的中心城市和交通枢纽，在大扶贫、大数据、大生态等一系列发展战略推动下，经济保持了较快发展，还需要在引领经济高质量发展方面有更多探索、更多作为，实现经济的持续、稳定、快速增长。

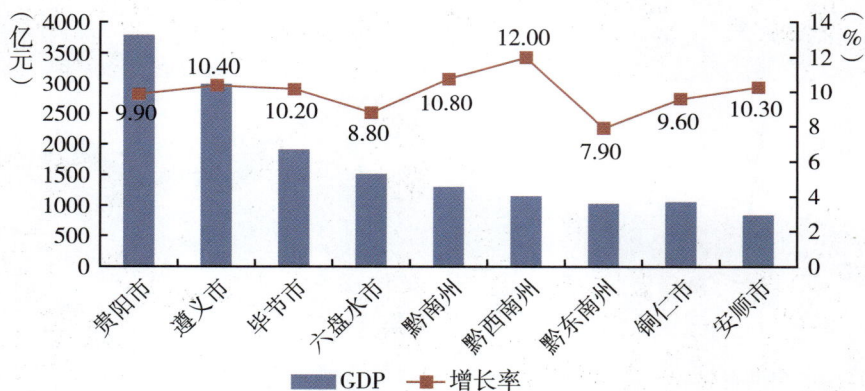

▲ 2018 年贵州省各市 GDP 及增长率比较

花溪区区位便利，工业基础良好，良好的经济基础为全域旅游的开展奠定了优良的基础。2018 年，花溪区 GDP 在南明区、云岩区之后，达到 640.45 亿元，位居贵阳市第三，保持了 10.7% 的高速增长。2018 年，花溪区经济增长率位列第六。早在1992 年，贵阳市委就决定在贵阳市小河工矿区的基础上，划出 16.5 平方千米的区域，筹建贵阳经济技术开发区。2000 年，经国务院批准，贵阳经济技术开发区升格为国家级经济技术开发区。2012 年，国务院正式同意撤销贵阳市花溪区、小河区，设立新的贵阳市花溪区，以原花溪区、小河区的行政区域为新花溪区的行政区域。行政区划调整后的花溪区，实施工业强区战略，着力推进工业园区的聚集，小孟生态工业园区、燕楼循环工业经济园、金石头产业园等。在大数据、高端装备制造、新医药大健康三大产业方面，促进工业转型升级。花溪区基础设施相对完备，资金实力雄厚，消费市场强大。雄厚的工业基础和经济实力为全域旅游的展开奠定了优良的基础，也为"旅游＋工业""旅游＋商贸"的融合式发展提供了广阔的空间。同时，以全域旅游打开的大生态格局，也美化、优化了区内环境，旅游和工业发展之间实现了双向促进。

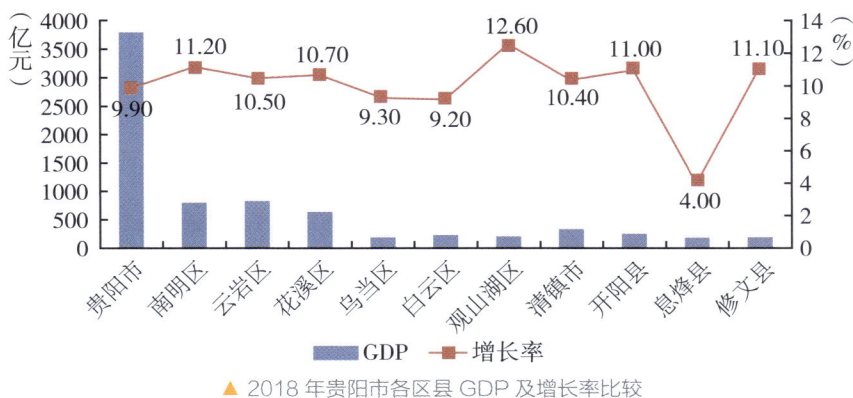

▲ 2018 年贵阳市各区县 GDP 及增长率比较

▲ 燕楼工业园区规划

五、不断增长的科技实力和创新活力

2016年2月25日，国家发改委、工信部、中央网信办批复贵州省建立第一个国家大数据综合试验区。贵州省在推动综合试验区的建设中，采取了一系列的举措，例如推动政府和公共数据的加速聚集、数据共享、数据管理创新等，大数据产业聚集发展孕育了新的发展动能。2014—2017年，贵州省规模以上电子信息制造业增加值、软件业务收入和网络零售交易额年均增长78.9%、35.9%和38.2%，贵州省大数据相关企业从2013年的不足1000家增长到8900多家。

根据《2017年国家大数据（贵州）综合试验区首批重点企业名单》，这些企业涉及大数据存储、大数据交易、大数据采集加工、大数据安全、云服务、云链服务、区块链、软件外包、电子商务、呼叫服务、智能终端、互联网金融、精准营销、软件、电子材料与元器件制造、集成电路、智能制造等多个领域。

表3-7　贵州部分大数据企业及类型一览

业务类型	公司代表	地区
大数据存储	中国电信股份有限公司云计算贵州分公司	贵安新区
大数据交易	贵阳大数据交易所有限责任公司	贵阳
大数据采集加工	中电科大数据研究院有限公司	贵阳
大数据安全	贵州亨达集团信息安全技术有限公司	贵阳
云服务	贵州省广播电视信息网络股份有限公司	贵阳
云链服务	贵州白山云科技有限公司	贵安新区
区块链	数景未来科技（贵州）有限公司	贵阳
软件外包	贵州伯凯科技有限公司	贵阳
互联网金融	贵阳高登世德金融科技有限公司	贵阳
电子商务	贵州茅台集团电子商务股份有限公司	贵阳

续表

业务类型	公司代表	地区
呼叫服务	贵阳华唐大数据及服务外包产业发展投资有限公司	贵阳
智能终端	鸿富锦精密电子（贵阳）有限公司（贵阳）	贵阳
精准营销	贵州轩通大数据科技有限责任公司	贵阳
软件	世纪恒通科技股份有限公司	贵阳
电子材料与元器件	中国振华电子集团有限公司	贵阳
集成电路	贵州中科汉天下电子有限公司	黔东南
智能制造	西门子（中国）有限公司贵阳分公司	贵阳
智慧健康	贵阳朗玛信息技术股份有限公司	贵阳
智慧教育	贵州铜仁海云天西南大数据中心有限公司	铜仁
智慧文化	贵州指趣网络科技有限公司	黔西南
智慧旅游	太极智旅信息技术有限公司	贵阳
智慧物流	贵阳货车帮科技有限公司	贵阳
智慧节能	贵州汇通华城股份有限公司	贵阳
智慧农业	贵州航天智慧农业有限公司	贵阳
智慧水文	贵州东方世纪科技股份有限公司	贵阳
智慧交通	贵阳海信网络科技有限公司	贵阳
智慧地理	贵州迈普空间信息技术有限公司	贵安新区

根据《2017年国家大数据（贵州）综合试验区首批重点企业名单》整理而得

花溪区依托贵阳大数据产业快速崛起的机遇，在2019年大数据产业博览会期间成功签约数十家大数据企业，签约金额达到25.83亿元。依托大数据产业的快速崛起，

花溪区的创新能力在不断提升，花溪区创新旅游管理体制和机制，优化管理方式，成立了正县级的全域旅游管理机构，推动大数据产业同旅游业的深度结合，建设了全域旅游大数据中心，搭建了溪云小镇大数据企业孵化平台，营造了积极有为、风清气正、高效灵活的创新氛围。此外，深入推进大数据产业同行政管理、精准扶贫、公共服务、城市建设、全域旅游的不断深入结合，推出了大数据精准扶贫、智慧医疗、智慧旅游平台等多个创新型做法。

综观国内外旅游休闲发展潮流和贵州省、贵阳市发展的大战略，立足花溪区发展的各项优势条件，花溪区发展全域旅游的发展重点在于依托雄厚的发展基础、便利的交通条件和优良的宜居条件，实现城郊休闲—田园城市度假—国际休闲城市文旅核心功能区的转变。为了实现这一转变，花溪区的突破路径主要在于：以体制机制改革创新为核心突破口，力促大型景区发展形成增长极，积极培育新业态形成城乡融合发展的增长带，引进城市文旅综合体强化城市核心区吸引力，集聚住宿、旅游、观光、休闲、娱乐等要素，全面提升花溪区文旅服务功能，构建基础设施、安全、卫生、环境、市场秩序等保障基础，实现花溪全域旅游的快速、高质量发展。

第四章

花溪全域旅游发展模式的系统阐释

自 2016 年 2 月花溪区成功入选国家首批全域旅游示范区创建单位以来，花溪区旅游经济规模不断壮大，产业布局不断完善，旅游服务质量得到显著提升，旅游业在带动地方经济全面发展中的主导地位进一步凸显。

第一节　模式形态：近郊旅游休闲度假的"花园城市"

一、花溪全域旅游发展的成效

2016—2018 年，花溪区旅游人次、旅游收入实现"井喷"式增长，连续三年增速超过 25%，全域旅游发展成效明显。

（一）旅游业成为花溪区战略性支柱产业

2018 年，花溪区接待游客 3739.61 万人次，同比增长 27.69%，旅游收入 370.87 亿元，同比增长 38.33%，人均消费 1054 元，过夜游客人均停留天数 1.3 天，省外游客 2005.62 万人次，同比增长 14.32%，入境游客 100518 人次，旅游业增加值约占全区生产总值的 16.2%，旅游业对财政收入的贡献率达到 22.1%，旅游对就业的贡献率达到 20.08%。2016—2018 年，三年完成旅游重大基础设施和公共服务建设投资 478 亿元。全域旅游示范区创建后，极大地释放了旅游产业的带动能力，旅游业已经成为花溪区战略性支柱产业。

（二）重点景区经济指标呈现"井喷"增长

通过大型节事、品牌宣传、5A 级旅游景区创建、游客中心、旅游服务设施完善，核心景区接待能力大幅提升。 2017 年，湿地公园（花溪公园）、青岩古镇、天河潭三大核心景区接待游客 1247.06 万人次，实现旅游收入 9.9 亿元。2018 年，三大核心景区接待游客 1566.05 万人次，实现旅游收入 12.28 亿元。旅游人数、旅游收入连续三年增长速度保持在 25% 左右。区内的景区接待量、酒店入住率、交通客运量等均呈现井喷式增长态势。

（三）游客结构和收入结构愈加优化

2018 年，花溪区接待省内游客 1723.94 万人次，占比 46%，省外游客 2005.62 万人次，占比 54%，其中以上海、浙江、江苏为代表的长三角地区占 15%，京津冀地区占 13%，其他地区占 26%。本地周边游客与中、远程游客实现合理分布，国内游客与国际游客出现乐观突破。2016—2018 年期间，旅游年均收入增长率为 25% 以上，其中酒店住宿、购物消费比重增长迅速，旅游收入结构的变化，充分显示了全域旅游对地方经济拉动的优势和利好。

（四）全要素、全景点、全时空发展态势形成

旅游配套设施不断完善，外部旅游交通网络日益完善，建设了内部旅游风景廊道，开通了旅游专线和客运班车，提升了游客在区内流动的便捷度。旅游融合程度不断提升，形成了旅游带动城镇化的综合带动模式和旅游业经营模式的创新。全要素、全景点、全方位、全时空的全域旅游发展态势已经形成。

（五）体制机制和政策保障方面创新明显

更为重要的是，在全域旅游示范区创建的过程中，为了更好地推动"景城一体、产城联动、文旅融合、休闲度假"等全域旅游发展理念的落实，花溪区在体制机制和政策保障方面实行了大胆的创新，在体制机制方面，花溪区成立了由政府"一把手"任组长的区级旅游产业发展领导小组，建立了发改、财政、国土、规划、旅游等多部门联席会议制度，并设立了正县级的贵阳市花溪文化旅游创新区管理委员会，主要承担统筹协调全域旅游发展。在政策方面，先后发布了《关于创建国家全域旅游先行示范区的实施意见》《关于持续推动花溪区旅游业"井喷"增长的实施意见》等文件，出台了一系列的土地、财政、金融政策措施，保障全域旅游发展。

二、花溪全域旅游发展模式的形成

花溪全域旅游发展模式是新型城镇化和休闲消费潮流共同推动的结果，是花溪区立足自身优势，探索省会城市近郊区在以旅游业为优势产业，统领经济和社会发展，实现地区经济、社会和文化协调发展的新探索和新实践。

花溪区地处城市和乡村的接合地带，是新型城市化推进的核心地带。从传统的旅游资源观来看，花溪区发展旅游产业既有优势，也存在一定的劣势。但在全域旅游实践中，花溪区立足市场优势，交通优势，生态优势，经济优势和人才、技术等要素优势，创造性地探索了城市近郊区发展全域旅游的独特路径。通过体制机制方面的探索和创新在贵州省乃至全国范围内均具有一定的创新性和示范意义，形成独特的"花溪全域旅游"发展模式。这种模式在形态上表现为：依托中心城市打造近郊旅游休闲功能区的"花园城市模式"。

花园城市（Garden City）最早是英国人 E. 霍华德在1898年提出的，又称作"田园城市"。花园城市概念的提出对20世纪城市规划和城市建设影响深远。花园城市是对工业化时代大城市病的一种反思，引发了人们对未来城市形态的讨论。在后工业化时代，理想的城市形态应该是兼具城市和乡村特点，既有人为的城市规划和设计，又兼具自然生长的田园风光。随着城市发展进入后工业化时代，宜居成为城市越来越重要的基本功能。后工业化时代，产业结构的服务化和知识化特征日益明显，经济的网络化、信息化程度不断增强，人们对工作和生活环境的品质要求更高，人居环境成为促进技术、资本、智力等要素聚集，从而实现经济发展的重要驱动力。花溪区"大花园、大溪流"就是对后工业化时代理想的城市居住和度假生态格局的最好描述。

从旅游休闲潮流发展来看，大众旅游休闲消费的时代已经来临。旅游休闲成为人们美好生活的重要内容。传统的旅游资源观、旅游发展模式、旅游组织方式都发生了颠覆性的变化。优美的环境、宜人的空气、开阔的空间、丰富的文化设施、便捷的服务、舒适的居住体验都可能成为旅游度假不可缺少的元素。如果说观光旅游更注重资源的独特性和垄断性，那么度假旅游最看重的就是体验的完整性、舒适度和便捷性。那些环境生态优美、经济基础较好、交通网络发达、产业链条完整、各色业态丰富的地区，就具备了发展度假旅游的基本条件。因而，发展度假旅游是花溪区基于自身综合优势而做出的现实选择。

从贵州省、贵阳市总体旅游发展态势来看，"大扶贫、大数据、大生态"战略确立，贵州省在国际山地度假旅游、贵阳市在创建国际休闲城市方面成效显著。特别是

▲ 花溪河畔是家园　摄影：金晶

贵阳市提出的"爽爽贵阳"品牌形象，进一步确立了贵阳市休闲度假城市的核心内涵。气候条件、宜居水平、生态环境成为贵阳市休闲度假的垄断性资源。随着近年来贵阳市大数据产业的迅猛崛起，交通枢纽地位的不断凸显，旅游产业的井喷式发展，贵阳市作为西南交通枢纽、重要旅游门户城市的核心地位不断增强。花溪区传统上就是贵阳市的后花园，是贵阳市重要的旅游、生态区。依托贵阳市中心城市的快速发展，花溪区要立足自身优越的自然条件，积极集聚文旅要素，强化服务功能，做好"爽爽贵阳"的会客厅，形成贵阳市重要的文旅核心功能区，探索花园城市发展的新模式，这也是花溪区融入贵州省总体发展战略，实现跨越式发展的必然路径。

第二节　理论阐释：产业转移理论与城市功能分区

全域旅游发展是促进区域协调发展的理念和模式。区域如何实现协调发展，并不是处处开花、全面展开，全域旅游在推行的过程中必然有顺序、有重点、有主次、有步骤，最终达到全区域的协调发展。这就要求全域旅游在发展的过程中要尊重一般区域经济发展的规律和产业转移的规律，在此基础上，在政策措施方面顺势而为，激发后发优势，实现跨越式发展，实现政策效应的最大化。如何促进区域的协调发展，国内外很多学者从不同的角度给出了大量的阐释，从产业的角度提出的产业分工理论、雁行模式、产业梯度转移的理论，从空间经济学角度提出的区位论、增长极理论，结合多个空间经济理论而提出的"点—轴"理论等，这些理论对区域的协调发展都具有很强的解释力，揭示了区域经济协调发展的一般规律。

一、雁行模式及产业梯度转移理论

雁行模式是提出了以日本为雁头，引领亚洲四小龙、东盟的产业不断转型升级的模式。雁行模式很好地解释了东亚经济的腾飞。后来被多位中国经济学家用于解释我国国内地区间的产业转移现象。雁行模式最早是日本经济学家赤松要于 1932 年在《我国经济发展的综合原理》中提出的。赤松要认为日本的产业主要经历了进口新产品—进口替代—出口—重新进口四个阶段，在图表上呈现倒"V"形，故名雁阵形态。

此后日本学者山泽逸平对"雁行形态"理论进行了完善和扩展[①]。"雁行模式"起初被用来阐述日本如何利用比较优势完成"进口—进口替代—出口"的赶超历程，后来被引申为东亚地区经济发展模式。小岛清对"雁行模式"理论进行了完善，描述了日本—亚洲四小龙—东盟国家梯次产业分工与发展模式[②]。

此后，"雁行模式"被多个国内学者用于描述地区间经济发展不平衡、产业发展具有明显地区梯度的现象。我国幅员辽阔、区域发展不平衡状况突出，中、东、西部经济发展水平存在明显的梯度，因此杨宏恩（2006）[③] 将雁行模式所具备的条件概括为：第一，地域接近、地理上相互毗邻；第二，经济发展水平依次降低，具体表现为技术能力、基础设施条件、土地价格及工资水平等；第三，政治和政策环境基本相同，不会影响产业转移过程。因而，雁行模式也被经常用来分析中国东、中、西部产业转移的现象，或者区域内产业转移的现象，如上海、苏南、苏北地区转移的情况等，以描述产业从劳动密集型、资本密集型到知识密集型在地区间不断转移和升级的过程。

但是，雁行模式也存在一定的理论局限性，如雁行模式是建立在动态比较优势基础上的追赶型发展模式，而非创新型的发展战略，会造成后进国家（地区）对先进国家（地区）的依赖性十分严重，此外，雁行模式揭示的是一个垂直的国际（或者区域）分工体系，不利于后进地区技术创新，获得平等的分工机会。用雁行模式来分析我国国内的产业转移现象，可以看出我国因为国土面积巨大、内部发展不平衡，使得转移成为可能。雁行模式主要强调资本和技术的转移，但在我国的区域发展实践中，可以看出还存在政策扩散的效应。在我国的实践中，在总体遵循产业地域间转移的规律之外，还存在一些其他的区域平衡机制，如跳跃式梯度转移机制、产业关联式梯度转移机制等。突破了临近式扩散的原则，创新要素向技术、环境配套设施更为完善的落后地区优先辐射，向上游产业链条相对完善的地区获取经验，借助产业关联实现资金和技术的优先回流。

从花溪区全域旅游发展来看，既遵循雁行模式的产业转移规律，又具备促成跳跃

① 山泽逸平. 亚洲太平洋经济论——21世纪行动计划建议（中译本）[M]. 上海：上海人民出版社，2001年.

② 车维. "雁形形态"理论及实证研究综述 [J]. 经济学动态，2004（11）.

③ 杨宏恩. "雁行模式"的变化和政策建议 [J]. 学术界，2006（3）.

式和产业关联式产业梯度转移的条件。贵阳市作为西部地区主要中心城市之一，一方面要承接东、中部地区的投资和技术转移；另一方面，也正在通过打造"中国数谷""千园之都"来实现突破式发展。花溪区作为贵阳市的生态区和旅游区，在区内也存在产业的梯度转移规律，同时也要通过基础设施和公共服务的完善、交通网络的构建、土地政策探索等，加快促进产业转移的速度，从传统的农业观光、农家乐、民宿等初级业态向资本和技术含量更高的旅游小镇、智慧旅游产品升级。

二、增长极理论和扩散、涓滴效应

区域经济的增长极理论是佩鲁（1950）[①] 提出的，他认为增长并非出现在所有地方，而是首先出现在一些增长点上，然后通过扩散效应向整个区域扩散。增长极理论从本质上而言，是一种空间非均衡发展的理论，通过空间的非均衡增长推动区域从不平衡走向较为平衡的发展。赫希曼（1958）[②] 不平衡增长理论用极化—涓滴效应分析了区域间不平衡增长，认为不发达地区应该集中力量发展能产生最大引致投资的产业。此后，克鲁格曼的核心—外围理论 [③]，提出了核心与外围之间相辅相成的关系，通过发展城镇（核心）带动乡村（外围）的发展，威廉穆森（1965）提出倒 U 形理论，认为经济发展是通过区域发展不平衡来实现平衡发展。弗农（1966）产品生命周期理论的梯度转移理论等都用来解释区域间的非均衡发展。

增长极理论在促进区域经济快速发展，推动迅速城市化方面发挥了巨大的作用，但是增长极理论构建的基本模式"极化—扩散"效应，在实践的过程中会出现极化效应明显，而扩散、涓滴效应相对不明显的问题，从而也遭到多方诟病。在构建良好的经济发展扩散机制，推动区域协调发展方面，旅游带动城镇化发展是一条新的实践路径。因为旅游业存在的生产和消费的统一性、游客而非旅游商品的流动性、自然资源和环境的垄断性、文化的独特性等特征，使得旅游发展成为带动区域协调发展的新路径，借助大众旅游时代的消费升级，全域旅游发展就成为构建区域扩散机制的核心力量。

[①] Perroux,F. Economic Space：Theory and Applications[J]. The QuarterlyJournal of Economics,1950,60(1).

[②] Hirshman,A.O. The Strategy ofEconomic Development [M].New Haven：Yale University Press,1958.

[③] KRUGMAN P. IncreasingReturns and Economic Geography [J]. TheJournal of Political Economy, 1991, 99(3).

三、"点—轴理论"与网络开发模式

在国家区域经济发展过程中，各类经济要素总是首先在城市、乡镇等节点集中，逐渐向外扩散。针对这种经济发展格局，中科院院士陆大道先生于 1984 年提出了"点—轴系统"理论。"点—轴系统"理论是建立在德国地理学家瓦尔特·克里斯塔勒（Walter Christaller）的"中心地理论"基础上的。在这里"点"是指各级居民点、中心城市，"轴"是指由交通、通信干线和能源、水源通道连接起来的"基础设施束"；"轴"对附近区域具有很强的经济吸引力和凝聚力，轴线上集中的社会经济设施通过产品、信息、技术、人员、金融等，对附近区域具有扩散作用[①]。在区域经济社会发展过程中，绝大多数的社会经济要素都汇集于"点"。"轴"是连接点的通道，也对"轴线"两侧邻近地带的人、财、物等要素具有强大的影响力。"点"的对外辐射作用是借助"轴"线向外扩散，促进区域要素以"点—轴"格局在区域内进行渐进式扩散，最终实现均衡化空间布局的目标。

自提出之后，该理论被广泛地运用于旅游空间结构研究。旅游空间结构是旅游系统中节点、市场、通道、支撑系统等之间的相互关联、相互作用的动态组织关系，是旅游经济活动在地理空间上的投影，体现区域旅游业的空间集聚状态及辐射程度[②]。"点—轴"理论被广泛地应用于我国区域旅游产业集聚研究，如北部湾地区、太行山文化带、苏锡常城市群、新疆、环渤海地区、辽宁沿海经济带等的旅游空间结构优化研究。

20 世纪 90 年代以后，周叔莲、魏后凯（1999）等经济学家提出了多中心网络化开发模式。其基本论点就是经过改革开放后几十年的发展，东部沿海地区已经成为经济发展的重心，"多中心"就是要在新的历史时期培育世界级、国家级和区域级三级城市群体系。"网络开发"就是要在继续巩固沿海经济带基础上，加大沿江、沿河、沿边开发开放，依托重要交通干线、城市群、节点城市，培育新的经济支撑带，形成横向纵向的网络化结构。区域经济开发是一个动态连续的过程，一般来说在工业化初期，多采用增长极开发战略，在工业化中期阶段，一般采取点轴开发战略，而在经济

---

① 陆大道. 关于"点—轴"空间结构系统的形成机理分析［J］. 地理科学，2002（1）.

② 冯燕，朱晓玲，杨洁明. 基于"点—轴"理论的新疆旅游业空间结构研究［J］. 资源开发与市场，2016（7）.

发展基础较好或工业化的中后期阶段，则通常采取网络开发战略①。因此，网络开发模式是"点—轴系统"模式的进一步发展，二者没有本质的区别。

四、城市功能分区相关理论

（一）城市功能分区和有机联系的基本思想

工业革命以来，城市化的进程打破了原有乡村文明为主体的城乡平衡关系。随着城镇化的快速推进，大都市快速膨胀，人口聚集、交通拥挤等问题不断凸显出来。城市规划也面临前所未有的挑战。1933年的《雅典宪章》是城市规划界的纲领性文件，提出了城市功能分区的基本规划思想，认为居住、工作、游憩和交通是城市的四大基本活动。提出了统一规划工业区与居住区、增加城市绿地面积、保留城市遗迹、规划城市道路等非常具有价值的思想。1977年的《马丘比丘宪章》针对"二战"后城市快速发展的现实，对《雅典宪章》的思想进行了批判、继承和发展。提出了城市规划应该围绕人的基本需要，功能分区也不应割裂城市的有机联系，它把人、社会和自然紧密地联系起来。这两个文件对此后的城市规划影响深远。

在《雅典宪章》中，游憩功能被作为基本功能纳入城市规划。对城市休闲空间的需求是城市发展到一定阶段的必然要求。城市公园、城市绿地系统、城市滨河滨水带、城市广场、绿道、城市文化遗产地等构成了城市主要的休闲空间。纵观国际著名都市，基本已经形成著名的城市公园和公园体系，如伦敦的海德公园、摄政公园，巴黎的卢森堡公园，日本的上野公园，纽约的中央公园，北京的奥体公园等。

（二）旅游休闲功能区的形成

城市休闲游憩空间的形成，受到城市功能重构、城市休闲需求增加、城市产业转移和就业流动、大型活动推动等多重因素的复合影响。

在我国城市化过程中，完善基础设施、兴建城市公园、形成休闲游憩空间，往往成为拓展城市边界，引导产业、人口向城市周边流动的通常做法。城市近郊区和城市新区通过休闲空间的营造，提升了宜居水平，是吸引产业转移、人口流动、形成新的

---

① 周叔莲，魏后凯. 网络开发：我国21世纪区域经济发展应采取的战略［J］. 经济管理，1999（11）.

经济增长极的重要手段。甚至有学者提出了城市中央休闲区（Central Recreation Center，CRD）的概念。一般认为城市中央休闲区是城市的标志性区域，通常具有开阔的公共空间、休闲设施集中、休闲氛围浓厚、休闲业态丰富等特点，包括文化型休闲区、商业型休闲区、生态型休闲区和复合型休闲区等类型。

（三）后工业时代，旅游休闲功能区将成为城市新的增长极

在工业时代，以制造业为主的大规模产业基地开发导向下，城市近郊区发展是通过大型产业项目带动形成新的增长点。而这种建设的弊端是显而易见的，近郊城市生活和产业存在一定程度的背离，近郊区城市功能单一、发展动力不足等问题不可避免。在后工业化时代，产业结构的服务化和知识化特征日趋明显，经济的网络化、信息化程度不断提升，技术、资本、智力密集型的经济对工作环境、生活环境的品质要求更高，城市旅游休闲功能区因具有相对较高的宜居水平，而成为促进要素聚集的重要场所。因而，近郊区通过改善基础设施、进行环境综合治理、提升宜居水平、促进休闲要素集聚，引导高新技术等低能耗产业入驻，从而推动景城一体、产城融合，有望形成大型中心城市的新的卫星城或增长极。

五、对花溪区的启示

产业梯度转移相关理论和城市功能分区的思想可以基本阐释花溪全域旅游发展模式的内在逻辑。城市功能分区是从城市规划方面对全域旅游"花溪模式"基本形态的解读，而产业梯度转移理论是对"花溪模式"内在经济联系的阐释。产业以城市功能区为依托，而功能区的形成，离不开产业的快速发展。特别是在城市近郊地区，如何促进产城融合，是实现快速、可持续发展的关键。相关理论也对花溪模式的形成和进一步发展具有很多启示。

（一）既要遵循产业转移的一般规律，又要重点促进增长极、增长带形成

花溪全域旅游发展模式本质上是区域协调发展的模式。在花溪全域旅游发展模式探索中，既要遵循产业梯度转移、增长极理论、点—轴理论等基本经济规律，在全域

旅游发展的初期阶段、中期阶段和成熟阶段，要采取不同的策略。同时也要立足贵阳市的生态优势、科技优势、文化优势等，创新体制机制，整合新技术，形成新动能，探索新模式，实现跨越式发展。

花溪区在全域旅游发展中，要遵循一般经济规律。花溪区作为西部地区既面临东部地区、中部地区，甚至是贵州省内资金、技术、人才的转移；经济发展和基础设施也符合"贵阳中心市区—花溪城区—乡村地区"的发展梯度，这为未来的产业梯度转移奠定了基础。可以通过体制机制创新、基础设施改进、营商环境提升以及一系列优惠政策积极吸引外部投资和技术。以花溪全域旅游发展统领现有农业、中医药产业优势，拓展产业链条，积极推动旅游康养、休闲农业、山地度假等关联产业落户花溪区。同时，花溪区在地域上的一些旅游经济增长极、增长点、增长带正在形成。例如，围绕国家 5A 级旅游景区青岩古镇，周边交通设施正在不断完善中，各类投资纷至沓来，酒店宾馆、康养小镇、民宿、汽车营地等多种业态正在形成。青岩古镇的综合带动能力不断增强，正在成为旅游经济增长极。又如花溪区着力打造的"溪南十锦"项目，把民族村寨通过交通道路串联起来，形成一乡一品、一村一品的"点—轴"开发格局，对带动周边乡村发展具有强大的辐射带动作用。

花溪区在发展中，既要遵循一般经济规律，更要立足世界和中国的区域经济发展经验，探索能够激发后发优势的创新型、跨越式发展战略。随着全域旅游在花溪区的深入发展，还需要围绕区位条件好、游客流量大、交通便捷的重点地区，培育"多中心"的区域经济增长极，培育不同层次的节点，如特色乡镇、村寨、景区等，通过乡村道路和交通服务的提升串联起来，形成横纵交织的网络化布局。在增长极发展成熟阶段，通过交通网络、基础设施、体制机制改革、政策优惠等手段促进土地、资本、人力、技术等要素在城乡间的流动，构建"反极化"的机制，推动区域协调发展。

（二）强化花溪区旅游休闲功能，提升花溪区宜居水平和竞争力，实现创新型、跨越式发展

作为贵阳市的近郊区，花溪区是贵阳市大生态战略的重要组成部分。同时花溪区立足自然生态方面的优势，提出了"大花园、大溪流"的发展战略。花溪区在强化旅

游休闲功能、提升宜居水平方面,具有显著的优势:第一,地域空间。作为贵阳市近郊区,花溪区居住密度较小、地域开阔、土地成本较低,设施和服务网络在规划建设初期就可以进行总体设计。第二,产业空间。和贵阳市老城区相比,花溪区位于城市边缘地带,为宜居建设预留了大量的空间,在新的产业引进之初,就可以做好自然生态和环境影响的评估,在产业类型上做到适当的引导和限制,重点扶持高新技术、清洁能源、智能制造等低碳环保类产业。特别是广大乡村地区发展的休闲农业,也为花溪区生态文明建设提供助力。第三,文化空间。花溪区作为城市近郊区,空间开阔,思想开放,对于开发建设各类文化场馆、设施,举办各类文化活动,形成特定的新文化提供了可能。第四,政策空间。城市近郊区是我国城镇化推进的重点区域,也是各类创新政策和示范区实施的重点区域。这为探索更加灵活的体制机制、新型城市治理模式、城市生态文明建设路径提供了政策空间。

花溪区强化旅游休闲功能,提升宜居水平,可以实现花溪区的创新型、跨越式发展。主要可以分为三步走:第一,城市基本功能发育阶段。重点在于基础设施、地下管网、河湖治理、绿化美化等建设方面。第二,旅游休闲相关要素聚集、业态培育、产业扶持方面。重点在于形成主导产业,促进产业发展与城市功能发育的有机结合,促进生活和工作的和谐统一。第三,全域科技化、智能化水平提升、创新氛围的形成。运用更多技术手段提升公共服务效率,以良好的营商环境吸引旅游休闲高端产业和人群入驻,形成主导产业强,就业机会多,创新氛围浓厚、生态环境好的旅游休闲功能区。

第三节 模式内涵:部门、城乡、产业、主客、人地关系的新探索

花溪全域旅游模式可以概括为:立足于中心城市郊区,充分利用自身的生态、文化、区位等优势,按照"景城一体、产城联动、文旅融合、休闲度假"的发展思路,通过完善旅游休闲设施、丰富旅游休闲功能、壮大旅游休闲产业、提供旅游休闲个性化服务,走出一条"绿水青山就是金山银山"的发展之路。在此模式引领下,花溪区正日益成为多彩贵州的"会客厅"、爽爽贵阳的"后花园",为全国中心城市旅游休闲

功能区建设和国家全域旅游示范区创建贡献了"花溪样本"。

花溪全域旅游模式具有广泛的内涵，总结来说主要包括以下五个核心模式：区域协调发展的新模式、城乡融合发展的新模式、产业转型升级的新模式、旅游开发和利益共享的新模式、旅游生态文明发展的新模式。

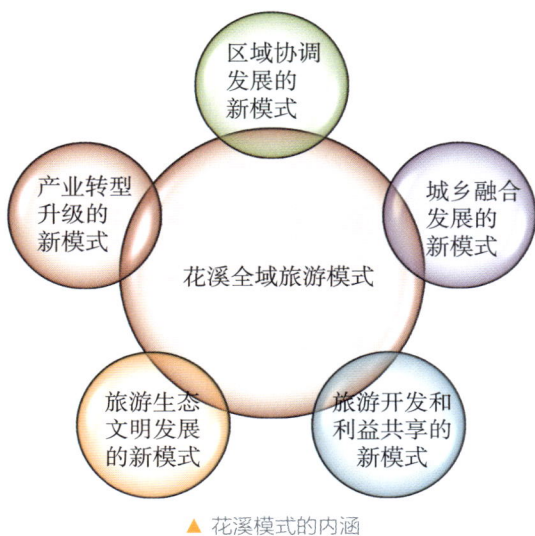

▲ 花溪模式的内涵

花溪全域旅游发展模式是一种全新的发展理念，主要是在旅游优势地区通过全域旅游产业的发展，破除旧有管理体制和机制的约束，建立起部门综合协调的管理体制，推进体制改革的深化。通过旅游带动城乡之间的人员、物资、信息、商品交流，破除旧有不平等城乡关系，推动新型城乡平等发展关系的建立，探索城乡融合发展的新路径。通过梳理旅游产业同资本、劳动力、土地、大数据、物联网、AI等新技术要素的关系，促进旅游产业的转型升级。通过梳理旅游产业同文化、体育、农业、工业、商贸等产业的外部联系，促进产业融合，推动新产业、新业态、新产品的形成，推动传统旅游、农业、文化等多个产业的转型升级。通过旅游发展调整旅游地之间的主客关系、旅游资源的开发者同旅游地原住民之间的关系，形成共同参与开发、利益共享的开发模式，调整旅游地原住民同外来游客之间的关系，实现主客共享的空间。通过旅游发展调整人和地的关系，平衡资源利用与资源保护的关系，实现人和自然的和睦相处，实现旅游的可持续发展模式。综上，花溪全域旅游发展模式主要是调整以下"五大核心关系"：部门关系、城乡关系、产业关系、主客关系、人地关系。

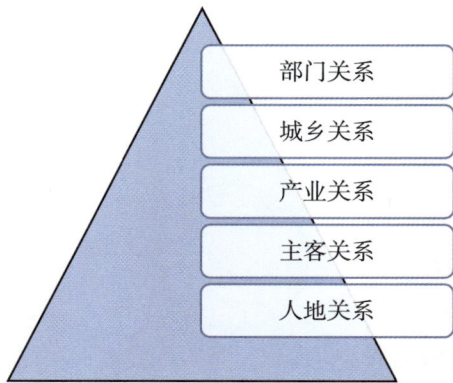

▲ 花溪模式调整五大核心关系

一、体制机制改革的新模式

花溪全域旅游发展模式是一种全新的区域协调发展理念和模式。由于在长久的发展过程中，我国当前已经形成了地区阻隔、条块分割，部门利益逐渐固化，法律法规落后的管理体制和机制。这些管理体制和机制已经严重阻碍了当前旅游业发展的实践，需要改革创新旅游管理体制机制，并以此为突破口，实现地区管理体制和机制的重构。因而，全域旅游发展实质是首要关注部门之间的关系、地区之间关系，建立起适应旅游业发展的管理体制机制，建立起综合监管的体制机制，破除现有法规的约束，才能实现区域经济社会和文化的协调发展。

花溪区在发展过程中，以全域旅游发展为契机，建立起全域统筹的体制机制，以旅游为引领，带动体制机制改革的不断深化，最终实现区域总体的协调发展。第一，建立了深化体制机制改革，建立了统筹发展的全域旅游发展机制。第二，建立起综合协调的管理机构和机制。第三，破除了制约地区发展的法规条例等政策壁垒。

二、城乡融合发展的新模式

城乡发展呈现的二元结构是制约我国经济进一步发展的重大问题。城乡关系是区域协调发展中的最主要关系。1949年后，我国的城乡关系经历了以乡哺城、以城带乡、城乡共同发展的三个主要阶段，随着城乡阻隔的日益加深，城乡在经济、社会、公共服务等方面的差距日益扩大，面对快速的城镇化过程，乡村经济日益衰败、乡村劳动力外流严重，乡村就业空间狭小等问题和大城市病问题同时出现，因此，如何协调城乡关系成为现阶段我国经济社会发展中的核心问题。

党的十九大报告提出了"乡村振兴战略"，构建新型城乡关系成为未来发展的必须。乡村应该摆脱以城市为核心的发展观，重新审视和发掘乡村的资源特色、文化属性和价值意义，构建平等的城乡关系，促进城乡融合发展。这是一种全新的城镇化模式。

花溪模式的关键就是处理城与乡的关系，是一种城乡融合发展的新模式。第一，推动城乡规划融合统一。无论是"溪南十锦"项目还是花溪旅游的五大板块布局，从地域上看既包括城市街区也包括民族村寨，城乡拥有平等的发展机会。第二，推动乡村产业、业态、产品的繁荣发展，推动乡村农业、民俗、文化、自然生态等资源同现代旅游需求的对接，扩大乡村价值。第三，提升乡村地区的公共服务和基础设施水平。通过新农村建设和旅游产业的发展，带动乡村地区道路、厕所、水、电、通信、医疗等公共服务和设施的提升。第四，促进城乡要素的流动，促进资金、技术、人才、土地等要素为旅游产业所用，推动城乡融合发展。第五，以花溪区旅游发展的重点景区为支点，带动周边村寨的发展。促进乡村地区商业繁荣，实现城乡的扶贫对接，吸纳就业，以全域旅游带动城镇化水平提升。

三、产业转型升级发展的新模式

当前旅游消费需求散客化、品质化的升级变化，要求旅游产业转型升级。一方面，交通出行工具和方式的革新，互联网、物联网、云计算、大数据等技术条件的飞速发展，推动旅游消费需求的升级。另一方面，随着个性化时代的来临，新一代旅游消费者追求个性、高品质、便利等，形成散客化时代的消费需求，使得原有的旅游产业接待体系受到前所未有的挑战。二者相互作用，推动当今旅游消费要求高品质、个性化的浪潮，是旅游产业升级的内在动力。旅游产业升级的方向总的来说在两个方面：其一，通过技术、文化等因素对旅游产业的渗透，提升旅游服务、产品和设施的品质和便利化水平。其二，通过推动旅游产业同农业、文化遗产、演艺、

▲ 溪云小镇

体育、商贸等多个产业的融合，催生新业态、新产品，实现旅游产业的多样化、丰富化供给。

花溪区在全域旅游发展中，立足贵州省大数据产业领先的优势，积极促进大数据产业同旅游产业的深度融合，大大推动了智慧旅游产业在花溪区的快速发展和壮大。建立了花溪大数据大楼、溪云小镇等大数据文旅企业孵化平台。同时，推动旅游产业同农业、文化、体育等形成了三大融合发展的产业体系，包括休闲农业、民俗民族文化旅游、山地度假和户外体育旅游等。随着大数据产业对旅游产业的快速渗透，会对旅游产业链进行整合和重塑。不同产业的融合，打破了原有产业的边界，催生新业态、新产业，形成了新的更为健全的产业体系，更为合理的产业空间布局。要素集聚和产业集群式发展，提升了旅游产业对资源的使用效率。

四、旅游开发和利益共享新模式

长久以来，旅游业发展面临外来开发者和本地经营者，外来旅游者和本地居民之间的冲突问题。在旅游业发展中形成了外来公司整体开发、公司＋合作社＋村民等多种开发运营模式。这些模式是对本地旅游资源的多方参与、共同决策的合作开发模式，更是一种多方利益相关者共同参与的利益共享和分配的模式。在旅游开发中，实现乡村地区的振兴和农村经济社会的全面发展，实现农民的富裕应该是旅游开发的最主要目的，但是如何让村民参与其中并从中获益，在决策、经营、分配机制上如何设计，是全国各地面临的共同难题。

花溪区在全域旅游发展中探索了村民参与开发和利益分配的多种运营模式，也形成了一些典型代表。例如，小摆托村的村民参与模式，就是通过引入外来运营公司，实现旅游运营的专业化，同时，通过机制设计，充分保证了村民的利益，使得村民在旅游开发之后，拥有股金、租金、薪金等多样化的收入来源。又如，花溪国家湿地公园的免费开放模式。花溪国家湿地公园作为国家 4A 级旅游景区，推行了免费开放政策，围绕花溪河，形成了可供游客和市民进行观赏、游玩、骑行、散步、文化活动的城市休闲空间，大大提升了本地居民生活品质，同时也丰富了游客的游玩选择，营造了主客共享的旅游休闲空间。同时带动了周边的餐饮、住宿、租赁、商品零售的发展，经济效益和社会效益显著。

五、旅游生态文明发展新模式

生态文明的核心是人和自然的和谐共处，生态文明要解决的核心问题是处理好经济发展同生态环境保护的关系。在我国的现代化发展过程中对于生态文明问题也经历了认识不断深化的过程，从开始的以牺牲生态环境来换取经济的快速发展来看，这种模式是不可持续的。随着资源越来越匮乏，资源环境同经济发展的矛盾日益突出，于是出现了既要经济发展又要保护环境的发展模式，到现在生态价值日益被认识，绿水青山就是金山银山，生态优势变经济优势。一般认为，旅游业是"无烟工业"，具有强大的综合带动能力，同时又对资源环境的影响较小，因而成为生态优势向经济优势转化的最佳途径。

花溪区生态条件突出，气候温和，空气质量好，处于长江水系和珠江水系的交汇处，优良的自然条件为花溪创建绿色的全域旅游发展模式提供了条件。花溪区在全域旅游发展中，着力改善生态环境质量，创建了新的绿色发展模式。立足花溪区的生态优势发展全域旅游，提出花溪区"大花园、大溪流"的建设目标，推进花溪区的全域旅游目的地建设。同时，积极加强山体、水源、林地、大气等保护措施和手段，提升森林覆盖率。此外，重点推进"百园之城"、推动"百山绿化"工程，重点建设花溪湿地公园等工程。推动环境治理、绿色出行、节能环保等绿色产业的发展和绿色技术的应用。最后，创新生态管理体制机制，成立花溪区生态局，为花溪在全域旅游发展中践行生态文明理念保驾护航。

第四节　模式特色：以科技和生态为两翼的五位一体发展

花溪模式的特点是以体制机制为引领，以科技和生态为两翼，以产业升级为核心，以文化特色为支撑，全域共建共享的花园城市度假模式。

▲ 花溪全域旅游发展模式示意

一、以体制机制为引领

体制机制是花溪全域旅游发展模式的决策导航系统。模式中的各个板块功能不同、作用各异，体制机制就是凝聚人心、做出统一决策，协调各方力量完成目标的决策导航系统。通过体制机制的引领，各管理部门、各个乡镇、各个景区等不同利益主体，齐心协力，向着地区经济协调发展的方向行进。在花溪区全域旅游发展过程中，领导机制创新是体制机制创新的关键。花溪区成立了"旅游产业发展领导小组"，建立了发改、财政、国土、规划、旅游、文广、住建、生态、城管等部门联席会议制度。2016 年设立了正县级规格的贵阳市花溪文化旅游创新区管理委员会，统筹协调全域旅游业发展工作。这就破除了以往旅游管理部门"小马拉大车"的权责不匹配的情况，也有利于建立起适应当今旅游需求特征的新的接待体系和监管体系。

二、以产业升级为核心

产业升级是模式的中枢创新系统。中枢系统也是一个高效的驱动系统，通过中枢系统的消化、吸收，地区的资源禀赋、优势要素、基础条件、地理区位、气候条件等被转化为经济发展、产业兴旺的现实能力。因而，中枢系统也是一个关键的创新单元。在这部分，原有的要素被转化、提升、扩散、吸收，最终形成新的产业、新的业态、新的模式、新的经营方式、新的产品等。以花溪区来说，产业升级的途径有二：一是在全域旅游的统领下，打破部门和法规对要素的约束，促进传统的农业、工业、商业等多个产业吸纳人力、资本、土地、技术等生产要素，通过技术扩散效应、资本集聚效应、管理创新效应、人才驱动效应、土地集约效应，达到生产效率的提升。二是通过传统农业、工业、商业、文化、体育等多个产业同旅游业的融合发展，产生新业态、新产业，并不断延伸产业链条，推动整体经济不断向前发展。

三、以科技和生态为两翼

科技和生态是花溪模式的动力系统。为经济的持续腾飞提供强劲的动力。当前，以人工智能、大数据、云计算、物联网为代表的第四次技术革命的浪潮汹涌，纵观世界经济发展的历史，每一次技术革新都带来经济的飞速发展，第四次技术革命推动了智能制造、智慧旅游、分享经济、大数据等新经济的快速崛起。近年来，贵阳市在打造"中国数谷""大数据之都"方面成效显著，在国内异军突起。2016 年，贵阳市大数据产业规模总量达到 1300 亿元，同比增长 41.9%，大数据企业主营业务收入 698 亿元，同比增长 21.1%，大数据及关联企业超过 4000 家 ① 。花溪区立足贵阳市大数据产业发展优势，积极促进旅游同大数据产业的深度融合，承办了 2016 年中国花溪

---

① 央广网，2017-02-09.

▲ 花溪区全域旅游数据中心

"大数据 + 旅游产业"高峰论坛，推出了促进"大数据 + 旅游产业"发展的十条优惠政策，积极推进旅游场所的智慧设施建设，构建智慧旅游公共服务体系，建设旅游数据中心，建设花溪全域旅游 DT 云平台项目。运用大数据技术提升了旅游管理和服务水平，当前"大数据 + 旅游产业"正在成为最具活力的经济增长极。

党的十八大以来，中央就生态文明建设的战略地位做出了一系列的重要论述。生态文明建设是"五位一体"总体布局和"四个全面"战略布局的重要内容。生态环境就是经济社会发展的内在要素和内生动力。2017 年，《中共贵阳市委关于大生态战略贵阳行动的实施意见》提出将建设"千园之城"，推动产业生态化、生态产业化，把贵阳市建设为全国生态文明示范城市。提出到 2020 年，森林覆盖率达到 60%，城市空气质量优良天数稳定在 90% 以上，PM2.5 年均浓度控制在 35 微克 / 立方米等具体指标。花溪区是贵阳市传统的生态区和旅游区，生态环境良好，旅游基础雄厚。花溪区在发展中立足优越的自然条件，把生态优势转化为经济发展的优势，提出了"大花园、大溪流"的生态发展格局，并遵照"园区高端化、城市园林化、农村特色化、景区生态化"的"一区四化"理念，保护花溪区优越的自然环境和良好的生态环境。在发挥生态优势上，花溪区采取了一系列的措施和方法，例如组建生态保护检察局和花

▲ 龙井村布依族婚俗——对歌

溪区生态文明建设局，从体制机制上保证花溪区生态文明建设的开展，推动花溪区绿色常态发展；保护城市湿地，构建城市主客共享的生态休闲空间；实施增绿还绿的百山治理工程，形成花溪区"大花园"格局，保护花溪区空气质量多项指标达到国家 2 级标准，形成"天然大氧吧"等。生态优势不断转化为旅游发展优势，成为经济发展的持续动力。

四、以文化特色为支撑

文化特色是花溪模式的续航系统。为经济腾飞提供源源不断的燃料。花溪区具有丰富的文化底蕴和特色鲜明的文化特色，这为花溪全域旅游的发展提供了源源不断的动力。以文促旅，以旅彰文。文化和旅游的互相促进是地方经济社会得以全面发展的重要引擎。花溪区文化资源丰富、少数民族文化特色突出，传统文化、历史文化、民族文化、现代文化、时尚文化是花溪区的五张文化名片。在国家民委创建少数民族特色村寨中，贵州省有 151 个村寨入选国家民委的"中国少数民族特色村寨"，贵阳有 14 个村寨入选，其中花溪区有青岩镇龙井村、石板镇镇山村、董家堰村麦翁布依古寨三个村寨入选。近年来，花溪区通过举办孔学堂春节文化庙会、"花溪之夏"系列活动，推动了时尚文化同传统文化的有效结合。未来以少数民族村寨为主的少数民族建筑文化、民俗文化、服饰文化、饮食文化、节庆文化等仍有很大的开发空间。民族文化同以孔学堂为代表的儒家文化、以青岩古镇为代表的军事文化、传统文化、宗教文化、红色文化构成了花溪文化的丰富内涵，文化优势会不断释放出来，为花溪区推动全域旅游发展的提供持续动力支撑。

花溪全域旅游发展模式战略目标明确，分工合理，像组织精密的雁阵一样，具有强有力的决策和导航系统、高效快速的中枢转化系统、强劲的飞行系统、宽广深厚的支撑续航系统。四大系统高效运转，互相支持，协调一致，成为一个高速发展的有机体。

第五节　内在机制：领导机制创新带动六大机制高效运行

花溪全域旅游发展模式具有统一而清晰的战略目标，强有力的导航系统，精密高效的中枢系统，卓越的飞行系统以及源源不断的续航系统。四大系统之间并不是各自为政的独立单元，而是互相配合，互相支撑，目标一致的有机组成部分，内在机制是四大系统之间的隐性联系，是达到四大系统协同运转的关键。

▲ 花溪模式"四大系统"示意图

一、创新引领机制

全域旅游发展的关键是通过旅游优势产业全域化的发展推动原有体制机制的改革。因而，引领机制创新是全域旅游发展的核心命题。强有力的引领机制是保障全域旅游能够在区域内实施的前提。花溪区在发展中创新引领机制，实现了上下协力，全区一盘棋的局面，得益于以下方面：一是强化领导机制。在 2016 年花溪区纳入首批全域旅游示范区创建单位之后，省委、省政府、市领导高度重视，多次指导花溪区的创建工作。花溪区成立区级旅游产业发展领导小组，一把手挂帅，统筹全域旅游发展工作，旅游产业发展领导小组在全域旅游发展中发挥了核心引领作用。二是联席会议制度。建立了发改、财政、国土、规划、旅游、文广、住建、生态、城管等部门联席会议制度。三是规划引领机制。花溪区委托编制《打造国家全域旅游先行示范区——花溪区战略策划方案》《贵阳市花溪区全域旅游发展规划》等 10 余个规划，对全域旅游发展进行总体布局。编制了青岩古镇、天河潭、花溪公园等核心景区，分散景点、美丽乡村改造提升的专项规划，对旅游资源进行全方位挖掘和全景式谋划。四是奖励扶持机制。花溪区每年设立旅游产业专项扶持资金 3000 万元，按照《花溪区旅游产业发展奖励扶持办法》，对创建 A 级旅游景区、评定星级饭店、评定优秀经营户等给予奖励扶持，2018 年累计扶持 1174 万元。

二、日常协调机制

2016 年，为配合花溪区全域旅游发展，花溪区设立了正县级规格的贵阳市花溪文化旅游创新区管理委员会（旅管委），为贵阳市委、市政府的派出机构，委托花溪区委、区政府管理。旅管委主要承担花溪区全域旅游发展的日常统筹协调工作和管理工作。花溪区日常统筹协调和管理机制建立。一是全区联动机制。旅管委的成立解决了原有旅游管理部门级别较低的问题，党政主要领导挂帅便于加强各部门的联动。二是统一管理机制。将花溪区国家湿地公园、花溪公园、青岩古镇景区、天河潭景区等重点景区管理处调整至旅管委统一领导。三是综合协调机制。通过在旅游市场监管、旅游案件处理等领域设置花溪区旅游市场监管分局、旅游法庭、旅游警察大队等机构，强化了日常统筹协调的力度。

三、综合监管机制

综合监管机制的形成是全域旅游能够发挥部门合力、行业合力、各片区合力的关键机制。花溪全域旅游模式的最大创新就在于各种机制的相互牵引和制约。在发展中，花溪区已经初步形成了督查机制、考核机制、综合执法机制和应急处理机制。一是督查机制。建立健全了专项督查、综合督查、督察督办、目标考核"四个机制"。二是考核机制。将全域旅游发展工作纳入单位年度目标考核，作为绩效考核的重要内容之一，对通过评定的创新工作在考核中给予加分。三是综合执法机制。花溪区成立全域旅游综合执法调度指挥中心，组建旅游警察、旅游法庭、旅游市场监管分局，构建了 1+5+N 综合执法机制，这在贵州省处于领先地位。四是应急处理机制。花溪全域旅游综合执法调度指挥中心构建了中心统筹、部门联合、景区参与的三级联动的应急处置机制。

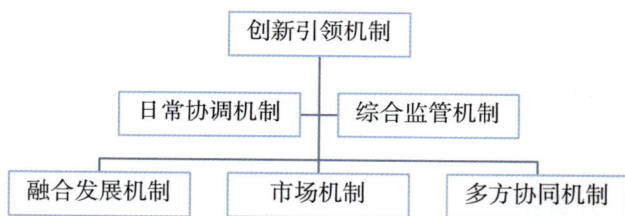

▲ 花溪模式的体制机制示意

四、融合发展机制

通过推进"旅游 +"和"+ 旅游"，促进产业融合、产城融合，全面增强旅游发展新功能，使发展成果惠及各方，构建全域旅游共建共享新格局。一是产业融合发展机制。花溪区出台了一系列政策和创新举措，推动大数据、农业、工业、文化等产业的融合发展。例如,《花溪促进"大数据 + 旅游"产业发展优惠政策十条》，推动旅游同大数据产业的深度融合发展。《花溪区关于进一步加强文物工作实施方案》《花溪非物质文化遗产保护传承创新实施方案》《花溪区非物质文化遗产传习基地（工作室）建立方案》等，推动文旅融合发展。《花溪区现代生态高效农业示范园区建设 2017 年工作方案》推动农旅融合发展。二是城乡融合发展机制。花溪区制定了《贵阳市花溪区全域旅游规划》，提出"一轴五中心"的发展格局，以城带乡，以乡促城。重点打造"溪南十锦"项目，推动青岩、黔陶、高坡一带整体发展。设计了四季花溪旅游精品线路，引导旅游客流在区内合理分布，实现城乡的平等发展。

五、多方协同机制

全域旅游涉及区域发展的各个方面，既要根据市场需求重塑旅游接待体系，更需要加强公共设施和服务，提供公共产品和公共服务，才能实现全域的共建共享。花溪区在全域旅游发展过程中特别注重公私协力，共同推进。一是探索政府和社会资本合作新模式。财政局结合《关于在旅游领域推广政府和社会资本合作模式的指导意见》（文旅旅发〔2018〕3号）文件精神，草拟了《花溪区在推进全域旅游全域推广政府和社会资本合作PPP模式上的意见》，不断探索多方合作新模式。例如，在对花溪绿道及溪南十锦项目建设及投融资方式上，采用PPP（BOT模式）"使用者付费＋缺口资金补贴"模式进行投资建设。二是优化公益性产品的供给效率。通过引入专业化的建设、策划、组织和经营，提升区内旅游公共设施、公共服务、咨询点、停车场、广场、公园、群众文化活动等公共产品和准公共产品的供给效率和供给水平。

六、市场机制

花溪全域旅游发展模式的核心是通过一系列的体制机制革新，使得市场机制处于资源配置的基础性和核心位置。市场机制是通过市场竞争配置资源的方式，是市场机制供求、价格、竞争、风险等要素之间相互联系及作用的肌理。供求机制、价格机制、竞争机制、风险机制是市场机制主要内容。花溪区在全域旅游发展的过程中形成了以下关键机制：一是公平竞争机制。花溪区通过综合执法一系列机制的建立，加大了市场监管和执法力度，营造了良好的市场秩序，保证了公平竞争的市场环境。通过旅游创新型企业孵化项目，培育了多个创新型市场主体，推动市场良性发展。二是要素定价机制。花溪区通过提升交通网络、开通城乡间的专线交通、推动公共服务向乡村地区的延伸，破除了城乡市场阻隔，推动城乡土地、劳动力等生产要素的合理流动和定价机制的形成。

第六节　地域支撑：五大板块构筑花溪全域旅游的增长极

花溪全域旅游发展模式在地域上体现为五大板块多极突破、辐射带动、错位发展的格局。五大板块分别包括高坡村寨山地度假板块、青岩古镇文旅融合板块、湿地公园公益休闲板块、恒大城市娱乐板块、天河潭自然山水板块。

▲ 花溪模式的地域支撑

一、高坡：村寨山地度假

高坡乡位于贵阳市东南端，距离省会贵阳市中心区 51 千米，距离花溪区政府所在地 31 千米。高坡是贵阳市海拔最高的地方，夏季气候清凉，是绝佳的避暑胜地。自然风光绮丽壮观，独特的喀斯特地貌，大小溶洞随处可见。红岩峡谷、万亩草场等景观优美。苗族占总人口的 71%，布依族占 3%，少数民族风情浓郁。每年的"四月八"是苗族同胞的盛大节日，举办丰富的射背牌、斗牛、斗鸟、球赛、芦笙舞等表演，已经形成具有影响力的民族节庆品牌 ① 。高坡射背牌、高坡苗族银饰制作工艺入选贵州省非物质文化遗产，苗族芦笙制作工艺入选贵阳市非物质文化遗产项目。红岩大峡谷位于高坡苗族乡石门、扰绕、新安三个村境内，长约 5 千米，已经形成著名的旅游景区。高坡云顶草场占地面积约为 2000 亩，海拔 1600 米，是贵阳市海拔最高

---

①　据花溪区旅游宣传手册。

的地区，自然景观独特。其他的还有高坡摆弓岩瀑布、高坡营盘古堡、高坡甲定苗族洞葬等景点。当前，花溪区正围绕高坡打造国际山地运动大本营。重点建设项目包括自驾车房车营地、高坡石门扰绕梯田，启动了亚洲首个国际暮曙暗夜公园等项目，重

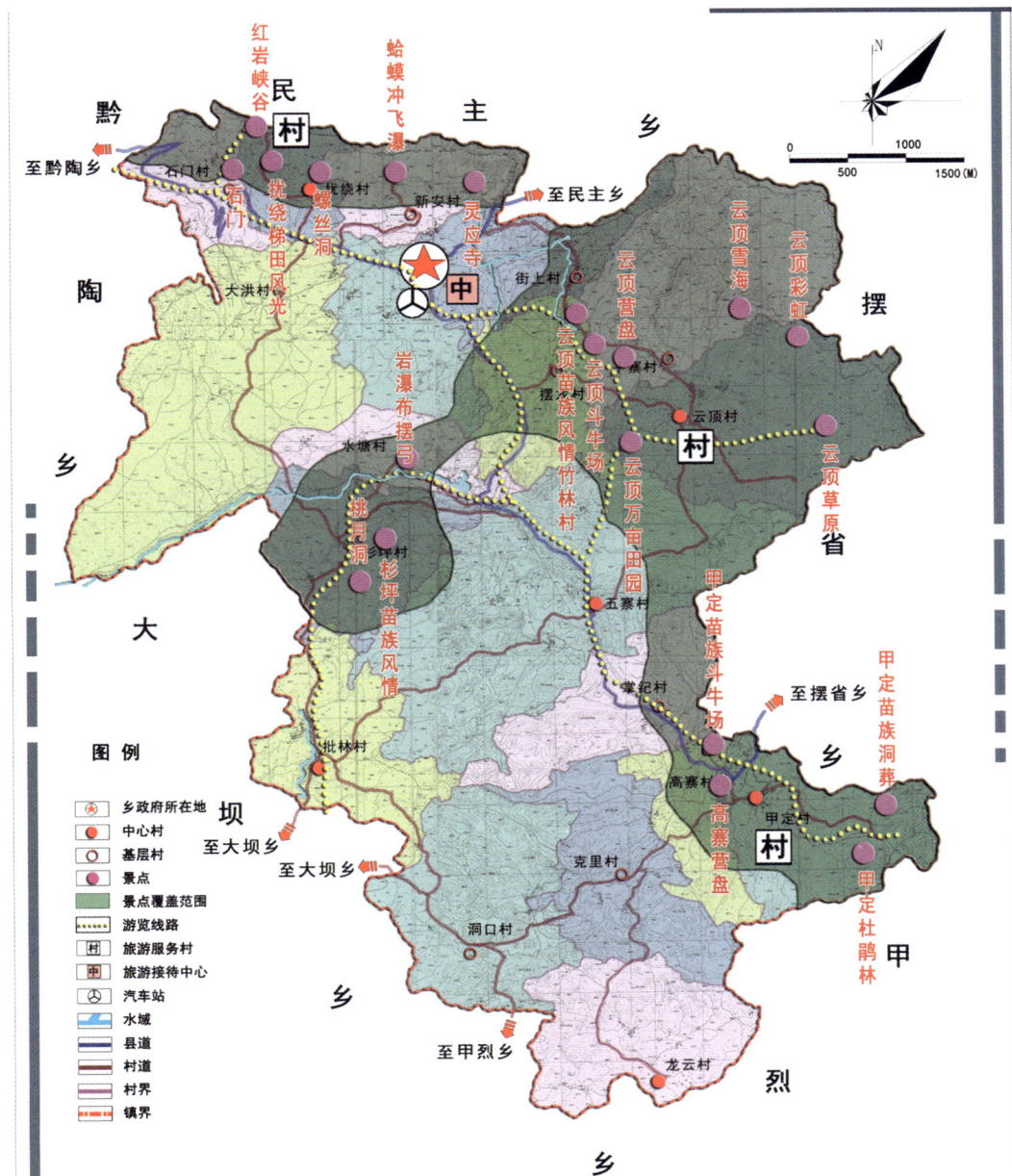

▲ 高坡板块业态规划

点开发石门、扰绕等少数民族村寨，发展山地运动、低空运动、乡村度假、民宿体验以及民俗文化活动等。高坡板块作为"溪南十锦"项目的重点，呈现出强劲的发展势头和发展潜力，将会成为山地运动休闲目的地的典型代表。

二、青岩：文旅融合古镇

青岩古镇是贵州四大古镇之一，建于明洪武十年（1377），距今已有 600 多年的历史，原为军事要塞。古镇人文荟萃，有青岩教案遗址、赵状元府第、红军长征作战指挥部等遗迹。2005 年青岩古镇被建设部、国家文物局公布为第二批中国历史文化名镇，2016 年被列为首批中国特色小镇，2017 年被评为国家 5A 级旅游景区。青岩古镇是花溪区唯一一家国家 5A 级旅游景区，对周边具有强大的辐射带动作用。

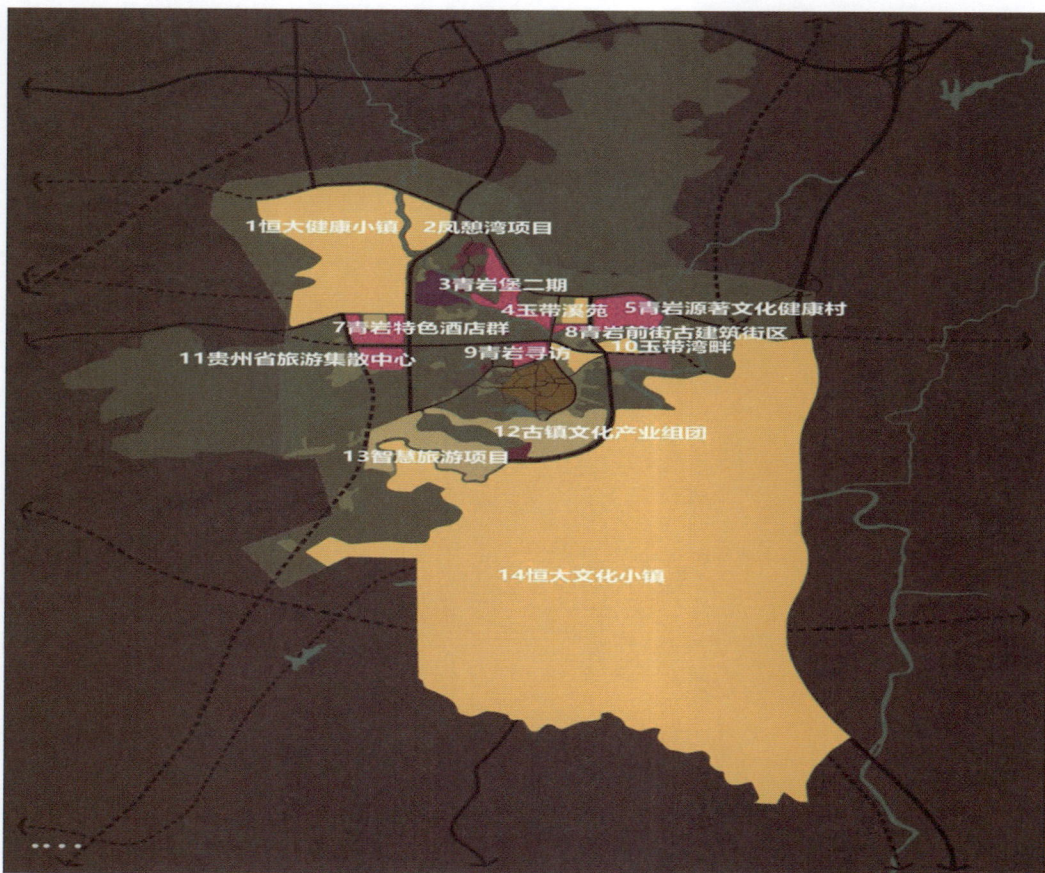

▲ 青岩古镇板块主要业态布局

当前，花溪区正以青岩古镇为核心，以提升综合服务功能为重点，推进红色文化纪念馆、景区道路改造提升、大天井片区整治以及青岩文化体育运动休闲等项目建设。同时，花溪区正在推进青岩古镇对周边的辐射带动作用，完善轨道交通，建设贵州游客集散中心，特色酒店群、贵州汽车运动产业基地等建设，最终这些项目的落成，将推动青岩古镇从旅游观光古镇向综合性的特色小镇转变。青岩古镇板块无疑将成为花溪旅游经济的重要增长极，显示出超强的辐射带动作用。

三、湿地公园：公益休闲游憩

花溪国家城市湿地公园位于花溪区中心城区北部，距离贵阳市中心 12 千米，2009 年 12 月由国家住房和城乡建设部批准为第六批国家城市湿地公园。国家城市湿地公园环境优美、自然资源和人文资源组合良好，湿地公园沿线散布特色民族村寨和田园风光，同时国际中华文化研修基地孔学堂也位于湿地公园内。以湿地、文化、城市资源为依托，这一片区已经发展为花溪区的公益休闲游憩带。随着花溪公园—十里河滩一带提升改造项目的实施，旅游步道、停车场、公厕、游客服务设施等的进一步完善，该地区还将释放巨大发展潜力，成为花溪区的"绿肺"，是花溪"大花园、大溪流"特色的典型代表。湿地公园免费向游客和市民开放，已经成为主客共享、休闲安逸的城市公共游憩空间。此外，位于湿地公园内的孔学堂定期举办各类传统文化讲座和非物质文化展示活动，更加丰富了该区的文化内涵。湿地公园建设完全体现了全域旅游共建共享的理念，不仅吸引了外来游客前来观光休闲，也大大提升了当地居民的生活质量，提升了旅游发展过程中的获得感和幸福感。

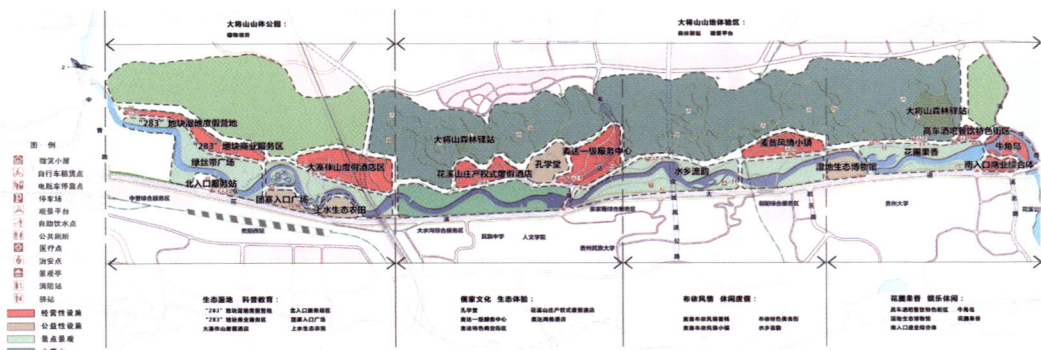

▲ 湿地公园板块主要业态分布

四、恒大：城市主题娱乐

恒大贵阳花溪文化旅游综合体项目由恒大旅游集团投资兴建，文化旅游及配套用地总计15884亩，其中建设用地8459亩，总投资1163亿元，项目含大型童世界乐园、国际水准的剧院和电影院、会展中心、文化特色商业街、风情美食街、豪华超五星级酒店、花溪水库生态体育运动公园等旅游项目。该项目将打造成国家5A级旅游景区、世界级旅游度假区，将有效填补花溪乃至贵阳市旅游市场空白、拉动旅游消费增长，在推动全域旅游发展，打造高端文化旅游吸引物方面具有重要作用。

▲ 恒大童世界乐园鸟瞰

五、天河潭：自然山水探秘

天河潭景区是融山、水、洞、潭、瀑、峡谷等自然景观为一体的国家4A级旅游景区，位于花溪区的石板镇，距离花溪区13千米，贵阳市中心24千米，是贵阳市和花溪区居民以及外来游客旅游休闲、享受自然山水、洞穴探秘的景区。近年来，天河潭景区进行了大规模的升级改造，增设了太阳广场、贵阳故事街、民族风情街、滨水休闲区等。天河潭景区距离贵阳高铁北站25千米，与贵安大道、甲秀南路、环城高

图 例
范围红线
0 200 400 800米
N
天河潭风景观光核心区
1.主入口
2.次入口
3.梦草园
4.风情码头
5.燕觞门
6.山顶茶室
7.卧龙飞瀑
8.天河潭夜景灯光秀
综合服务休闲度假区
9. 北游客中心
10.天河潭新零售购物中心
11.太阳广场
12.五色花海
13.贵阳故事街
14.滨水休闲街
15.奥特莱斯一期
16.天星湖
17.朵芳阁酒店
18.悦苑度假酒店
19.苗族风情民宿
20.摆拢苗乡剧场
21.摆拢民俗文化馆
奥莱商业休闲度假区
22. 天河潭奥特莱斯
23.奥莱国际度假酒店
24.运动健身中心
镇山慢活乡村度假区
25. 东游客中心
26.镇山生态停车场
27.艺术家乡创中心
28.布依族文化传承馆
29.布依族特色民宿
30.镇山布依主题客栈
31.民族手工艺作坊群
32.竹园之家主题客栈
33.生态茶园
34.茶间长廊
35.茶艺中心
36.跌水梯田立体养殖
37.田园艺术创作基地
38.镇山田园剧场
39.田园音乐咖啡书屋
40.有机农产品粗加工基地
41.田间集市
42.生态餐厅
43.观景台
44.田园驿站
芦荻康养娱乐度假区
45. 西游客中心
46.芦荻生态停车场
47.芦荻村民宿
48.黔中耕读文化研究基地
49.家传文化体验中心
50.吴中蕃故居保护性修复
51.芦荻国际康养度假酒店
52.帐篷营地
53.芦荻百花茶园
54.芦荻花海剧场
55.芦荻百果园
56.果林观光栈道
57.农业大棚种植基地
58.田野课堂
59.儿童亲子营
60.天河潭国际马术运动中心

▲ 天河潭板块规划及业态分布

速等多条道路无缝连接，是连接贵阳市区与贵安新区的重要节点，区位优势明显。在创建全域旅游示范区的过程中，天河潭景区通过交通提升、停车场、游客中心等服务设施改造、智慧旅游设施的引入、科技型旅游产品开发、增加体育运动项目等做法，推动了景区的升级。同时通过举办农产品展示展销、举办元宵灯会等方式，带动周边村镇的发展。天河潭板块已经逐渐成长为贵阳市花溪区山水旅游休闲代表和全域旅游发展的增长极。

第五章　创新『花溪模式』之体制机制

　　花溪全域旅游发展模式的核心在创新，而创新的重点在于体制机制创新。全域旅游突破了以往旅游发展的局限，从本质上要求综合协调和综合监管的体制机制。花溪区在 2016 年进入首批全国全域旅游示范区以来，在旅游管理的体制机制方面做了大量的探索和创新。形成了全新的与全域旅游发展相适应的领导机制、协调机制、监管机制、配套机制等。用新的体制机制来确保全域旅游的全面推进。

第一节　体制机制改革全面提升政府主导力

　　领导机制是体制机制创新的关键和核心。全域旅游发展因跨部门事务多、涉及产业面广，更需要"顶层设计"和发展的全局观念。自启动全域旅游示范区创建工作以来，花溪区全面深化旅游领域体制机制改革创新，构建了党政统筹的全域旅游领导机制。具体来说：

一、建立了党政统筹的全域旅游组织领导机制

花溪是贵州的旅游强区，贵州省委、省政府非常重视花溪区的旅游发展。2016年开始创建全域旅游示范区之初，贵州省、贵阳市主要领导多次赴花溪调研，并提出要将花溪建设成为"贵州省全域旅游先行示范区"的目标。2016年花溪区出台《中共贵阳市花溪区委、贵阳市花溪区人民政府关于创建国家全域旅游先行示范区的实施意见》（花党发〔2016〕4号），2017年出台《关于调整花溪区创建国家全域旅游先行示范领导小组的通知》（花委〔2017〕57号）等一系列文件，指导全域旅游领导机制创新。花溪区成立了由区委书记、区长任组长，区政府常务副职为常务副组长，19位相关副县级领导为副组长，各相关单位主要负责人、各乡镇主要负责人为成员的花溪区创建国家全域旅游先行示范区领导小组。领导小组设立11个专项工作组，有专职的联络员，在旅游局设办公室，每年安排专项经费，定期召开领导小组办公会和专题讨论会，决定花溪全域旅游发展中跨部门的、需要协调解决的重要事项和长期性的、全局性的重大战略部署。2018年8月，成立花溪区创建国家全域旅游先行示范区指挥部，下设综合协调组、规划建设组、宣传营销组、管理服务组、资金管理组和督促检查组六个专项任务工作组。花溪区全域旅游领导小组自成立以来，定期召开现场办公会和研讨会110多次，各部门高效配合，切实保障了全域旅游工作的落实和快速推进。

二、成立贵阳市花溪文化旅游创新区管理委员会，强化综合管理

2016年，花溪区设立了正县级的贵阳市花溪文化旅游创新区管理委员会（简称旅管委），为贵阳市委、市政府的派出机构，委托花溪区委、区政府管理。旅管委主要承担统筹协调全域旅游业发展，指导全域旅游工作；统筹全域旅游资源的优化配置和基础设施建设；提出全域旅游发展的建议、拟定旅游业管理的规章并监督实施；统筹协调全区全域旅游的综合执法等职责。旅管委的党工委书记、管委会主任分别由花溪区委、花溪区人民政府主要领导同志兼任，并设有党工委副书记、管委会副主任1名（分管常务工作，正县级），党工委副书记1名（副县级），管委会副主任1名（副县级）。这样的机构设置一方面解决了原有旅游管理部门级别较低的问题；另一方面，

区委、区政府主要领导同志兼职旅管委主要领导，有效建立起了党政主要领导挂帅的全域旅游组织领导机制，便于加强各部门的联动。在旅管委推动下，先后出台《关于创建国家全域旅游先行示范区的实施意见》《关于持续推动花溪区旅游业"井喷"增长的实施意见》等政策性文件，大力提升改造了青岩古镇、天河潭、湿地公园（孔学堂）三大核心景区，青岩古镇景区于 2017 年 2 月成功获评国家 5A 级旅游景区，申报建设青岩山王庙、高坡扰绕、板桥艺术村、夜郎谷、溪云小镇、大数据安全展示中心 6 个国家 3A 级旅游景区。启动推进城市绿道慢行系统、半坡精灵乐园、云顶暗夜暮曙公园、水塘山地运动公园等项目建设。启动旅游集散临时交运中心运营，完善了旅游咨询和交通服务体系建设；成功举办和承办理查德·克莱德曼钢琴音乐会、第五届中法城市与建筑可持续发展论坛、首届富美乡村旅游节、"赶年·青岩"、壹基金"为爱同行·2018 公益健行""多彩贵州·浪漫秋冬"网络媒体大型采风、2018 中国旅游景区（花溪）消费升级高峰论坛等重大活动，花溪旅游的知名度、美誉度和影响力得到不断提升，旅管委在统筹推进全域旅游工作中发挥了积极重要的作用。

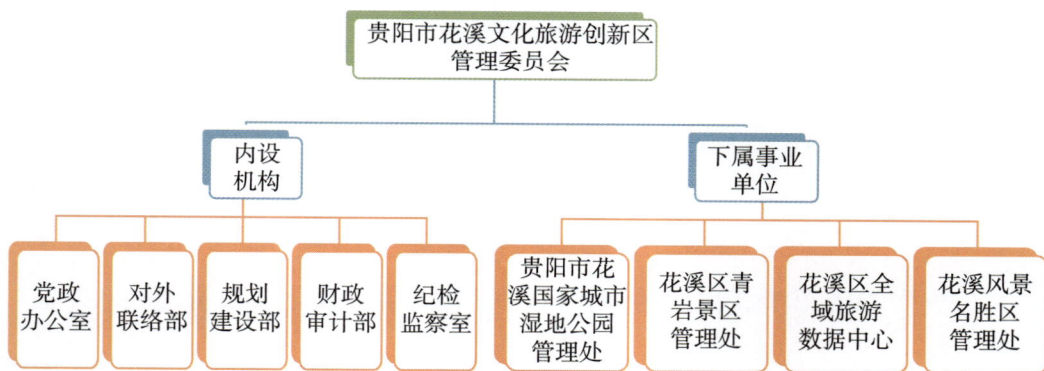

```
                    贵阳市花溪文化旅游创新区
                        管理委员会
                 ┌──────────┴──────────┐
              内设                    下属事业
              机构                      单位
      ┌───┬───┬───┬───┬───┐   ┌──────┬──────┬──────┬──────┐
    党政  对外  规划  财政  纪检  贵阳市花  花溪区青  花溪区全  花溪风景
    办公  联络  建设  审计  监察  溪国家城  岩景区   域旅游   名胜区
    室    部    部    部    室   市湿地公  管理处   数据中心  管理处
                                园管理处
```

▲ 花溪区旅管委组织结构

三、建立健全全域旅游创建考核机制

花溪区在推动全域旅游创建中，建立健全了专项督查、综合督查、督查督办和目标绩效考核"四个机制"。在日常领导小组以及专题调度会上听取创建汇报，对创建工作进行督查督办，并将全域旅游创建工作完成情况纳入各单位年度目标考核，确保各项创建工作顺利推进。特别是在目标绩效考核改革工作中，将推动全域旅游的创新工作成效作为考核的重要内容之一，对通过评定的涉旅发展创新工作给予一定加分，有效推动了各单位全域旅游示范区的创建工作。

花溪区制定了《花溪区主要工作目标》，2016—2018 年，花溪区委区、政府连续三年将旅游目标纳入考核指标文件，并作为年度主要考核目标。考核范围覆盖全区各乡镇、社区、政府部门等。根据工作重点确定分值，根据工作成效进行量化打分。同时，还建立起激励机制，设置了一、二、三等奖，对工作开展成效显著的部门进行奖励。全域旅游工作成效成为考核政府工作的主要指标。

第二节　综合协调和监管机制推动依法治旅

共建共享是全域旅游的基本要义，推动全域旅游发展必须要建立各部门联动、全社会参与的综合协调机制。花溪区在推动全域旅游发展中形成综合协调的体制机制、综合监管的市场监管模式、建立起三级联动的应急处置机制，强力保障以全域旅游带动地区经济的全面协调发展。

一、综合协调机制创新

为加强各有关部门之间协调配合，促进花溪全域旅游健康发展，花溪区建立花溪区旅游工作联席会议制度，由花溪文化旅游创新区党工委副书记、管委会常务副主任担任组长，花溪文化旅游创新区管理委员会分管领导担任副组长。联席会议成员单位包括区委宣传部、区发改局、区文广局、区生态局、区商务局、区工信局等 25 家部门、乡镇（社区）和旅游企业。花溪区制定的《花溪区旅游工作联席会议制度》（花委〔2016〕48 号）、《花溪区旅游规划建设部门联席会议制度》（花旅管委字〔2017〕3 号）、《花溪区旅游宣传营销工作部门联席会议制度》（花宣字〔2016〕35 号）等，保证花溪区联席会议的制度化和常态化。联席会议制度的主要目的在于统筹协调全区旅游工作、促进旅游业改革发展的政策和措施、协调解决各部门之间各自分管领域内的旅游安全、营销、项目建设、监管等有关事宜。特别是针对花溪区全域旅游发展中的重大项目建设、资金使用、旅游安全等问题进行协商解决。各成员单位分工明确，各司其职又相互配合，协调顺畅。

此外，为在重点问题和复杂问题上重点协调、形成突破，花溪区还建立旅游营销工作部门联席会议制度和花溪区旅游规划建设部门联席会议制度两个专项工作联席会议制度。花溪区召开联席会议多次，协调和处理花溪区旅游发展中的很多难点和重点问题，有效避免在全域旅游推进中，涉及多个部门时容易出现的互相推诿、互相掣肘、低效重复等问题，联席会议制度成效显著，有力地推进全域旅游的发展。

二、综合监管机制创新

花溪区在全域旅游示范区创建中，通过多种途径创新旅游综合监管机制，强化全域旅游的综合执法管理。具体做法包括：

（一）建立"1+5+N"的综合执法管理体系

花溪区构建"1+5+N"综合执法机制，这在贵州省处于领先地位。"1"即组建花溪区全域旅游综合执法调度指挥中心，统筹调度旅游综合执法工作和统一受理全区旅游投诉工作。"5"即成立旅游警察大队、旅游市场监管分局、旅游执法大队、旅游巡回法庭、旅游城管特勤中队五个联合执法机构，五个机构分别委派两名工作人员长期入驻调度中心进行集中办公，分析、研判、处置相关旅游案件和旅游投诉。"N"即全区22家涉旅部门作为旅游综合执法联席单位。以调度中心为中心，围绕旅游行业日常监管、旅游执法、旅游投诉、旅游安全等日常监管重点工作，建立了中心一级联动、部门二级联动、景区三级联动的"一二三"模式的常态化综合执法机制。

花溪区全域旅游综合执法调度指挥中心具有规格高、同步高、效率高"三高"特点。一是规格高。该中心由正县级的旅管委统筹管理，中心主任由旅管委分管副主任担任，便于统筹调度，化解了原有旅游综合执法协调机构统筹力量不足的难题。二是同步高。中心健全旅游综合协调、旅游案件联合查办、旅游投诉统一受理、旅游难点痛点和市场趋势联合研判及运行等综合监管机制，实现了全域旅游市场监管和执法步调一致。三是效率高。5家重点涉旅部门安排执法人员入驻中心，第一时间安排和调度各部门相关工作，制定旅游市场监管职责清单，大幅提升了工作效率，确保了旅游市场秩序的稳定。

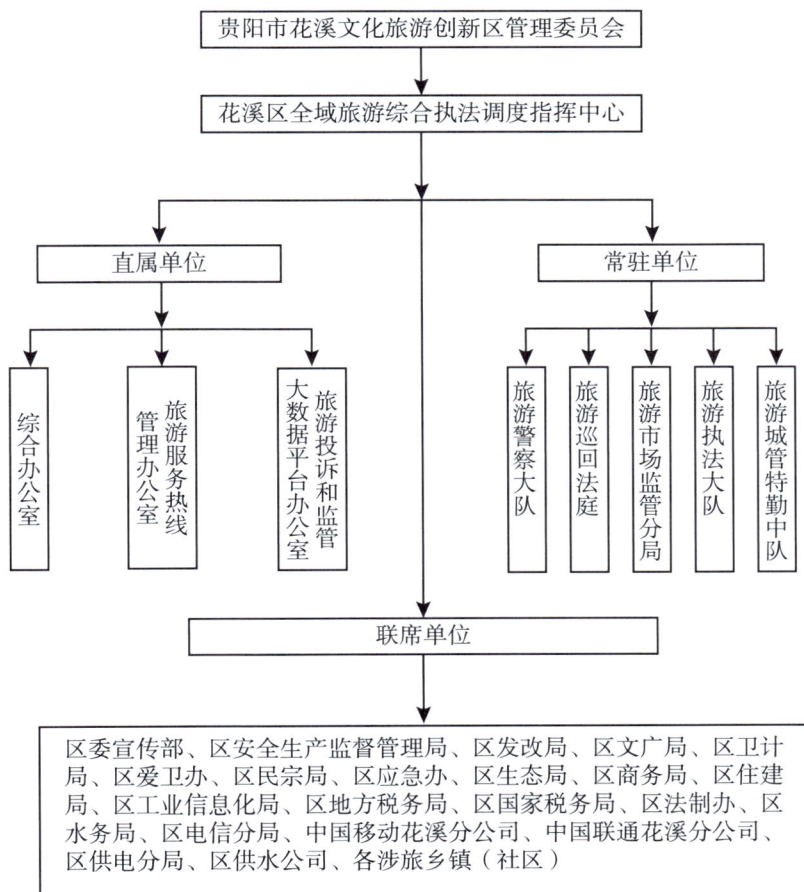

▲ 花溪区全域旅游综合执法调度指挥中心组织机构示意

（二）建立常态化工作机制

为依法规范旅游市场秩序，提升旅游服务水平和游客满意度，花溪区委、区政府成立花溪全域旅游综合执法工作领导小组、花溪区旅游市场和环境综合整治工作领导小组，以花溪全域旅游综合执法调度指挥中心为平台，与公安局、法院、市场监管局、城管局、交通局等相关部门建立了市场综合整治的常态化工作机制。全区共有旅游警察、旅游法官、旅游城管等综合执法人员 111 名。

花溪区围绕全域旅游综合执法调度指挥中心构建中心统筹、部门联合、景区参与的三级联动机制，保证了旅游综合执法的常态化。一是中心一级联动。安排部署、统筹调度确保政令畅通。在主要节假日之前，综合执法调度指挥中心组织中心成员单位、中心常驻人员、旅游景区管理处、旅游企业分别召开专题会议，对节假日期间工作进行安排部署。会后，中心组织成员单位开展联合大巡查，并督促全部确保在重要节假日前整改完毕。防患于未然，为良好的节日旅游市场秩序奠定基础。在节假日期间，中心组织常驻成员单位每日赴景区巡查，对发现问题及时安排调度，多举措确保花溪区节假日上下联动，政令畅通。二是部门二级联动。中心各成员单位分别召开会议安排部署，出台工作方案，开展安全隐患排查和治理，多部门的联勤联动，确保了旅游市场秩序井然。三是景区三级联动。在景区层面，加强安全隐患排查，针对重要节点增设人手，增加文明旅游服务点等，保证为游客提供优质服务。

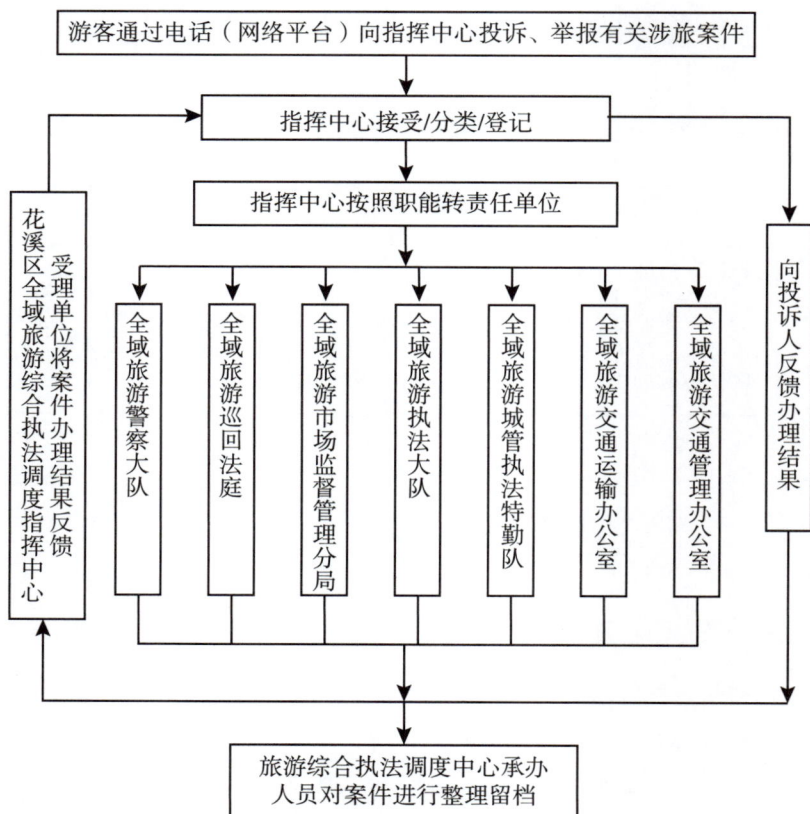

游客通过电话（网络平台）向指挥中心投诉、举报有关涉旅案件

指挥中心接受/分类/登记

指挥中心按照职能转责任单位

花溪区全域旅游综合执法调度指挥中心受理单位将案件办理结果反馈

全域旅游警察大队

全域旅游巡回法庭

全域旅游市场监督管理分局

全域旅游执法大队

全域旅游城管执法特勤队

全域旅游交通运输办公室

全域旅游交通管理办公室

向投诉人反馈办理结果

旅游综合执法调度中心承办人员对案件进行整理留档

▲ 花溪区全域旅游综合执法调度指挥中心工作流程

通过以上举措，花溪区强化综合执法调度，实现旅游秩序和旅游安全两大基础保障。2018 年度开展专项整治及检查工作 20 余次，出动人员 496 人次，检查经营户 1670 户，规范指导经营户 366 户。2018 年查处涉旅违法案件共计 29 起。2018 年花溪区共接待游客 2839.52 万人次，接到旅游投诉 67 起，均得到及时受理，并于当天反馈案件受理及处理情况，结案率 100%。确保了全区旅游市场秩序稳定，无重大旅游安全事故发生，游客满意度平稳上升，这为花溪区创建国家全域旅游示范区、发展优质旅游提供了坚实保障。

第三节　行业自律机制力促旅游高质量发展

全域旅游的发展要坚持法制化管理和行业自律机制的结合。完善协会行业自律制度，对于促进旅游市场秩序优化、自觉抵制旅游行业乱象、规范旅游经营行为、提升旅游服务质量、促进旅游业整体的高质量发展意义重大。花溪区在推动全域旅游发展的过程中，充分发挥行业协会的作用，构建起强有力的行业自律机制。

一、构建有效的行业自律机制，规范旅游经营行为

花溪区旅游行业协会在花溪区全域旅游示范区创建中发挥了重要的作用。花溪区先后成立花溪区旅游行业协会、花溪区青岩古镇文化产业促进会等行业协会，各协会会员覆盖率高。这些行业协会覆盖花溪旅游的主要行业，如文化产业、餐饮行业、商品零售行业、住宿业等核心产业。各个行业协会规章制度健全，分别建立行业自律公约或协会章程，如《青岩古镇景区餐饮行业自律公约》《青岩古镇景区银饰行业自律公约》《青岩古镇住宿行业诚信经营自律公约》等。这些行业协会的章程和公约形成花溪区行业自律的制度，对违反章程和公约的会员进行惩罚、并明确协会退出和淘汰机制，建立行业协会的红黑榜制度，定期组织开展诚信商家评选活动，并向公众发布红黑榜信息。此外，行业协会也成为行业服务质量提升的重要促进平台。行业协会利用其在行业内的广泛影响力，积极制定行业标准、组织协会成员开展定期培训、交流、技术评比和自律自查等工作。有效地发挥行业协会的自我管理、自我发展的作

用，极大地促进了花溪区旅游行业健康发展。

二、全域旅游配套机制创新，营造良好的发展环境

在全域旅游推进中要建立主客共享的空间，需要多个部门和行业的通力配合，交通、安全等旅游配套机制是否健全，决定着全域旅游发展的大环境。花溪区在全域旅游发展中，重点从区内交通和区内安全等方面完善旅游配套机制，保证了游客在花溪区旅游的安全、舒适和便捷。

第一，在交通配套机制方面，"智慧交通"让交通更安全、更可控。花溪区交通局运用大数据手段推动区内"智慧交通"平台建设。推出了"客安邦"智慧客运安全运营平台，该平台已接入31条农村客运班线、510辆客运运营车辆，平台对车辆超员、超速、疲劳驾驶、违规驻点经营、不良驾驶行为、违规代驾、违规停靠等各类违规行为进行全面、实时的智能管控，为游客营造便捷、高效、安全的出行环境。第二，在安全配套机制方面，"云警花溪"警务平台让花溪旅游更安全。花溪区公安分局利用"区块链"技术锻造警务"快速反应部队"。运用"区块链"技术构建了五大警务数据模块，建成"云警花溪"警务服务平台，本地市民和游客可以通过"云警花溪"App图文、语音以及视频报警，报警最短响应时间从90秒缩短至5秒，实现就近最快出警，提升警务部门接处警、服务水平，让游客感觉警察时刻在身边，最大限度地保障了游客人身安全。同时，花溪区委政法委"雪亮工程"打造平安花溪升级版。区委政法委实施"雪亮工程"，大力推进视频资源集约化建设、一体化整合。在重点区域、重点路段、重点部位形成全域覆盖的视频监控网络，为游客营造更加安全舒心的旅游目的地环境。

政策措施是全域旅游得以快速发展的基本保障。花溪区在创建全域旅游示范区的过程中，明确了旅游产业作为地区主导产业的定位。贵阳市委、市政府着力支持花溪全域旅游发展，出台了一系列的产业支持政策。在此基础上，花溪区制订了相关的行动计划、实施方案和工作方案。同时，还针对花溪的具体情况，出台促进旅游产业井喷式增长的一系列文件。此外，发改、规划、国土、住建等相关部门出台全域旅游发展专项政策文件。市级、区级及各部门出台的各项政策措施，形成了强力推动花溪区全域旅游发展的政策支持体系。

第一节　确立旅游业主导产业地位

花溪区在《花溪区国民经济和社会发展第十三个五年规划》中明确旅游产业主导产业的定位，贵阳市研究出台《关于支持花溪建设文化旅游创新区的意见》《花溪建设文化旅游创新区三年行动计划（2015—2017）》《关于支持花溪区创建国家全域旅游示范区的意见》等文件，出台一揽子的支持计划，推动花溪旅游产业发展。具体来说：

1.《关于支持花溪建设文化旅游创新区的意见》《花溪建设文化旅游创新区三年行动计划（2015—2017）》、《花溪建设文化旅游创新区工作实施方案》。明确花溪区以"大花园、大溪流"为主要特色，提出建设生态优势凸显、文化事业繁荣、旅游产业发达、经济实力较强、城乡环境优美、人民生活殷实的文化旅游创新区目标。制定资金、土地、项目审批、编制等五大类38条支持政策。《三年行动计划》对意见提出的发展目标和重点进行了任务分解和时间规划，提出重点实施"七大工程"，涵盖区域整治、景观提升、生态环境、基础设施、立面整治、文化旅游、城市管理等多个方面。《实施方案》成立贵阳市支持花溪建设文化旅游创新区工作领导小组，下设13个小组和10个指挥部，从组织上和时间上保证政策的有效落实。

2.《关于支持花溪区创建国家全域旅游示范区的意见》。在政策支持上，第一，组建花溪文化旅游创新区管理机构，作为市委、市政府派出机构，下设花溪区旅游数据中心，在市公安局花溪分局下增设花溪区旅游警察大队。第二，整合市级政策性扶持资金，连续3年支持花溪区创建国家全域旅游示范区。市发改委、工信委、科技局、旅发委、生态文明委等部门要支持示范区产业发展专项资金，并纳入本部门年度预算，在安排市级年度预算资金、服务业专项资金中予以重点倾斜。优先将示范区项目列入国家、省财政预算支持计划申报。第三，土地政策方面，鼓励和支持示范区推行精细化规划、精细化管理，节约集约用地模式，用好用足土地政策，确保示范区用地需求。第四，金融支持政策，加大示范区信贷支持力度，地方政府债券和专项债券以及PPP模式支持旅游基础设施和公共服务。第五，项目审批绿色通道，简化流程、缩短时间。第六，符合条件的人才引进，可享受住房、落户、社保、医疗、配偶就业、子女入学等优惠。贡献突出的企业和技术人员享受专项补贴。

在全域旅游总体发展上，花溪区强化规划引导，先后编制《贵阳市花溪区全域旅游发展规划》和《花溪创建国家全域旅游示范区实施方案》以及完善专项规划体系。在多规融合方面，规划部门牵头，组织国土、生态等单位，对城市总体规划、土地利用规划、城市组团规划等相关规划做了修订。同时，还编制与文化、农业、交通等产业的融合发展规划。在财政金融支持政策方面。财政预算中专门设立旅游发展专项资金，在全域旅游示范区创建期间累计投入达 2.12 亿元，占到财政收入 7.03%，年均增幅 43.4%。制定政府贴息、旅游发展奖励等政策，鼓励利用旅游现代金融手段解决旅游项目资金短缺问题。在土地政策方面，修编《花溪区土地利用总体规划》，出台《花溪区旅游用地指导意见》，创新用地模式，保障旅游用地需求。在推动大数据＋旅游发展，促进旅游产业高质量发展方面，花溪区出台《花溪促进"大数据＋旅游"产业发展优惠政策十条》等优惠政策。在旅游人才方面，建立"花溪区旅游发展专家智库"和"花溪区旅游发展咨询委员会"，制定出台《花溪区高层次人才引进及服务管理办法》等。

表 6-1　花溪区全域旅游相关政策一览

文件名称	部门	主要措施
《关于支持花溪建设文化旅游创新区的意见》	贵阳市委、市政府"2014年"	制定了资金、土地、项目审批、编制等5大类38条支持政策
《花溪建设文化旅游创新区三年行动计划（2015—2017）》	贵阳市委、市政府"2014年"	实施花溪区域整治、景观提升、生态环境保护、基础设施建设、立面整治、文化旅游提升、城市管理七大工程
《花溪建设文化旅游创新区工作实施方案》	贵阳市委、市政府"2014年"	成立贵阳市支持花溪建设文化旅游创新区工作领导小组
《关于支持花溪区创建国家全域旅游示范区的意见》	贵阳市委、市政府"2016年"	提出管理创新、资金、土地、金融、项目审批、人才等政策
《花溪区旅游用地指导意见》	花溪区政府办公室"2017年"	多种方式供应建设用地，明确乡村旅游、自驾车、房车营地、文化、研学新业态用地
《花溪区高层次人才引进及服务管理办法》	花溪区委党办"2012年"	引进高层次专业性人才的程序、待遇及激励措施，建立人才资金的财政投入机制
《关于持续推动花溪区旅游业"井喷"增长的实施的意见》	花溪区委	提出扩容增量工程、快旅慢游工程、要素提升工程
《关于创建国家全域旅游先行示范区的实施意见》	花溪区委、区政府"2016年"	提出了"一核四带六线"的全域旅游发展总体布局
《花溪区创建国家全域旅游先行示范区创建工作方案》	花溪区委、区政府"2016年"	提出创建全域旅游示范区的差距、细化指标和任务分解表
《花溪区旅游产业发展奖励扶持办法》	花溪区旅管委"2017年"	对景区、酒店、品牌酒店、住宿业优秀经营户、涉旅企业、小微企业奖励

（资料来源：根据花溪区相关文件整理而得）

表6-2　花溪促进"大数据＋旅游"产业发展优惠政策十条

第一条　支持在花溪区注册和纳税登记的企业开展花溪大数据旅游产业，包括但不限于在各大知名B2C平台或自建网络销售平台，售卖旅游产品、旅游户外用品和旅游纪念品等。对于上述企业3年内，年销售额达到1亿元的企业，奖励该纳税年度区级留存部分所得税的50%；年销售额达到3亿元的企业，奖励该纳税年度区级留存部分所得税的70%；年销售额达到5亿元以上的企业，奖励该纳税年度区级留存部分所得税的90%。

第二条　凡是主营业务与旅游产业相关的大数据服务公司和云计算服务公司、知名在线旅游企业在花溪区注册设立企业，在花溪区投资资金1000万元以上的，一次性给予不低于30万元的开业奖励。

第三条　凡在花溪区注册和经营的旅游企业、旅游电商企业和智慧旅游企业、旅游数据处理加工的大数据旅游企业，在国内外证券交易市场成功上市，一次性给予300万元的奖励（其中在新三板上市的一次性给予150万元的奖励）。

第四条　经营旅游业务的电商企业和智慧旅游企业、旅游数据处理加工的大数据企业，在我区注册成立后，在经营过程中如有被认定为国家级、省级重点项目的，从被认定年度起，前三年内，其实际缴纳的所得税区级留存部分，第一年按50%予以奖励，后两年按30%予以奖励。

第五条　从事旅游业务的电商企业和智慧旅游企业、旅游数据处理加工的大数据企业，用于宣传促销的费用依法纳入企业经营成本；企业为开发新技术、新产品、新工艺发生的符合相关政策规定的研究开发费用，未形成无形资产计入当期损益的，在按照规定据实扣除的基础上，按照研究开发费用的50%加计扣除；形成无形资产的，按照无形资产成本150%摊销。

第六条　对新引入的旅游电商企业和智慧旅游企业、旅游数据处理加工的大数据企业，经认定后，入驻花溪大数据园区给予办公场地租金补贴，根据企业情况第1—3年免收租金，第4—6年减半收取租金。

第七条　支持大数据旅游产业企业高管人员、高级职称人员及核心技术人才在花溪区就业，经认定的聘用时间超过1年的企业高管人员、高级职称人员及核心技术人才，年缴纳个人所得税在3万元以上（含3万元）的，按其个人所得税区级留存部分，第1—5年给予90%奖励，第6—10年给予60%奖励。

第八条　支持电子信息、计算机等大数据相关专业高校毕业生在花溪区旅游相关产业单位就业。对在花溪区旅游相关单位就业并签订五年以上劳动合同的毕业生，区人才服务机构将提供档案托管、社会保险办理和接续等服务。

第九条　支持大数据旅游产业企业高管人员、高级职称人员及核心技术人才，在区内购置住房并户籍迁入，按照实际购房金额补贴3%～10%；对区内大数据旅游产业企业招聘的在花溪区就业，且自己租房居住的应届大学毕业生发放租房补贴，博士、硕士和学士每人每月分别补贴600元、400元和200元，补贴期限为2年。

第十条　改进旅游业的支付结算服务。鼓励花溪区的景区景点、酒店、餐饮、旅行社、旅游集散中心等旅游服务机构、汽车客运站及娱乐等单位使用各种在线支付手段和游客结算，对年度提交的在线交易额前50位的企业，且能提供详细的交易数据记录，可供政府机关及研究机构用于产品研究及行业指导的，给予该年度在线交易手续费20%的奖励。

2016年12月，贵阳市花溪区人民政府

第二节　强化财政支持　优化旅游投融资环境

在花溪区全域旅游创示范区创建工作中，花溪区着力补齐文化旅游项目短板，强化财政支持，优化项目投融资环境。设立旅游发展专项资金、统筹各部门资金支持全域旅游建设、运用政府贷款贴息或通过金融机构提供金融服务，实现金融模式创新。财政局结合《关于在旅游领域推广政府和社会资本合作模式的指导意见》（文旅旅发〔2018〕3号）文件精神，草拟《花溪区在推进全域旅游全域推广政府和社会资本合作PPP模式上的意见》，在花溪区推进全域旅游领域推广政府和社会资本合作模式上不断进行研究和探索，充分利用多方资金发展全域旅游。

一、设立旅游发展专项资金

为促进旅游业的发展，花溪区在政府财政预算中单列旅游发展专项基金。2017—2018年，花溪区共计投入旅游资金21234.02万元，占到财政收入7.03%，2016—2018年全域旅游示范区创建期间，年均增幅43.4%。2018年安排全域旅游发展专项资金2410万元。旅游发展专项资金主要用于旅游产品开发、旅游商品开发、旅游培训、旅游宣传营销、旅游规划编制、旅游数据中心建设、旅游网站建设、旅游服务系统建设等方面。

二、统筹各部门资金支持全域旅游建设

2017—2018年，花溪区统筹各部门资金用于全域旅游建设经费达到29999.63万元。农、林、水等关联产业安排涉旅资金3331.63万元，占财政资金的18.94%，其中2017年1735.6万元；2018年1596.03万元。城乡、交通等基础设施部门安排涉旅资金26668万元，占财政资金的23.81%。其中2017年13357.04万元。这些经费通过整合农业局、发改局、住建局、城管局、交通局、宣传部、生态局、湿地公园管理处等多个部门而来，统筹协调，全力弥补全域旅游资金缺口。

三、政府贷款贴息或金融机构提供金融服务

花溪区人民政府出台《花溪区全域旅游项目贴息专项资金管理意见》，对旅游项目优先安排政府贷款贴息，全域旅游项目贴息金额按总利息的 10% ~ 30% 扶持，全区接待前十名的旅行社贴息金额按总利息的 15% ~ 25% 扶持，2017 — 2018 年，天河潭景区进行提升改造项目，区财政拨付贴息资金达 1.29 亿元，占旅游项目资金总额的 25.13%。

四、创新投融资体制机制，探索合作新模式

为进一步强化政府投融资管理，充分获得市场资金和社会资本，增强花溪区旅游业市场活力，花溪区成立花溪区投融资管理工作委员会。委员会由区政府区长任主任、副区长任副主任，并建立相关工作机制，努力构建公平透明、高效便利的营商环境。全面统筹、组织、审定区级政府公益性和准公益性项目，以解决发展的资金难题。制定《关于推进花溪区全域旅游示范区项目建设投融资工作的实施方案》《关于在旅游领域推广政府和社会资本合作模式的指导意见》等促进全域旅游发展中的企业投融资创新，推动政府和社会资本合作模式创新。

积极探索政府和社会资本合作新模式。对花溪区运用 PPP 模式进行项目的投融资财政承受能力及项目的投资收益进行测算，对于一些重大项目采用 PPP（BOT 模式）"使用者付费 + 缺口资金补贴"模式进行投资建设。用 PPP 创新模式融资修建花冠路等重大旅游基础设施项目。通过在花溪区旅游领域推广政府和社会资本合作模式探索，多角度打造花溪区全域旅游政府和社会资本合作模式，推动花溪区旅游资源保护、环境整治、生态建设、文化传承、咨询服务、公共设施建设等旅游公共服务事项与相邻相近相关的酒店、景区、商铺、停车场、物业、广告、加油加气站等经营性资源进行统筹规划、融合发展、综合提升，推动了花溪区旅游业提质增效和转型升级。

五、旅游发展奖励或补助政策

在推动全域旅游发展的奖励政策方面，花溪区出台《花溪区旅游产业发展奖励扶持办法》《花溪区旅游重点项目建设奖励办法（试行）》《花溪区旅游类企业进入全国

中小企业股份转让系统扶持奖励办法实施方案》等，针对景区景点、住宿业、涉旅企业如旅游商品零售、文创企业、其他小微企业等进行现金补助和税收返还（详见表6-3）。

六、积极拓展立体化投融资渠道

面对花溪区基础设施和旅游配套设施较为落后的状况，花溪区积极利用市旅文投、市城发等市级平台公司作为融资平台，采取设立旅游文化产业发展基金、发行企业债券及银行信贷等方式进行融资。充分运用新理念、新思想、新模式来规划全域旅游，如特许经营权融资、股权融资、吸引社会资本及供应链金融等创新举措来驱动全域旅游发展。一是开展特许经营权融资。依托特许经营权，积极引入社会资本参与全域旅游项目建设。花溪区与贵阳市旅文投集团签订特许经营协议，由其项目进行融资、建设、运营、管理。通过这种方式，解决青岩古镇景区、天河潭景区项目资金约74亿元的资金需求。青岩古镇经过对景观的提升改造，于2016年被住建部列为首批中国特色小镇，并于2017年被评为国家5A级旅游景区；天河潭国家4A级旅游景区经过改造，景区面貌、旅游配套设施等得到全面提升。二是开展股权融资。区旅文公司以其持有花溪公园经营管理有限公司100%的股权对应的收益权与华能信托开展股权融资4亿元，全面用于花溪公园及周边附属设施的项目建设，花溪公园、黄金大道及其配套设施得到全面提升。为推动辖内旅游类企业开展股权融资，花溪区积极对接"新四板"，并与贵州股交中心签订战略合作协议，推动企业股权融资。三是引进社会资本参与全域旅游。花溪区主动吸引社会资本参与全域旅游项目建设。花溪区将所有道路等基础设施项目进行捆绑打包，通过政府购买服务的模式，授权贵阳市城发公司对项目进行融资、建设、运营。截至2018年年底，贵阳市城发公司已融资到位资金约100亿元，全部用于孟溪路、天河潭大道、航天路、花溪大道提升改造等重点路网的建设，区内基础设施得到了全面的优化提升。四是旅游供应链金融。花溪区开展"四位一体花溪旅游产业大数据金融供应链"平台建设，以金融供应链为手段，建设DT云平台、MC商管平台、旅游资源金融交易平台及中间数据分析平台，形成"四位一体"的文化旅游金融供应链。五是积极拓展海外融资渠道。为加快花溪全域文化旅游创新区创建工作，花溪区与全球知名社交平台领英（Linkedin）签订深度合作协议，开展花溪区文化旅游资料的海外宣传推广和招商引资。

表6-3 《花溪区旅游产业发展奖励扶持办法》的主要措施

花溪区为了推动旅游产业快速发展，制定了奖励扶持办法，奖励范围包括景区景点、住宿业和涉旅企业，具体奖励措施如下：

1. 景区景点：对评定为国家5A级、4A级、3A级旅游景区的，分别给予100万元、80万元和60万元奖励。

2. 住宿业：对首次评为五、四、三星级饭店的，分别给予500万元、300万元、50万元奖励，对按照五、四、三星级标准设置的饭店，经评定后分别给300万元、200万元、30万元奖励。对引进国际知名度假酒店管理品牌并正式运营，给予品牌运营商一次性奖励200万元。引进国内知名度假酒店管理品牌的，给予100万元奖励。区级评定住宿业10家优秀经营户，分别给予30万元、15万元和5万元奖励。

3. 涉旅企业：对于新落户花溪区并有行业带动作用的涉旅企业，营业额50万元以上的，按照缴纳税收区级实得部分全额奖励企业，对企业高管按缴纳个人所得税区级实得部分全额奖励个人。对小微企业重点倾斜并实施一站式服务。每年评定40家涉旅优秀经营户（包括旅游商品、餐饮、文创、俱乐部、协会等），分别给予10万元、5万元和2万元奖励。

第三节　优先安排　多途径保障旅游用地

花溪区是著名的风景名胜区，全区地貌以山地和丘陵为主，区内环境优美，生态环境良好，有阿哈水库、花溪水库、松柏山水库、花溪公园、黄金大道、十里河滩国家湿地公园、孔学堂、高坡云顶草场、高坡苗族乡和桐埜书屋等著名景点。在全区旅游资源大普查中，花溪区潜在可发掘旅游资源多达数十处。全域旅游发展的用地需求较大。花溪区耕地主要集中在青岩镇、孟关乡、久安乡和高坡乡，截至2014年年底，花溪区耕地总面积337.67平方千米，花溪区其他草地面积57.71平方千米，占全区土地总面积的6%，后备土地资源匮乏。针对全域旅游发展中的土地需求，花溪区大胆突破传统方式，采取了多种渠道，保障旅游项目的用地供应。

一、将全域旅游纳入了土地利用总体规划，优先安排

花溪区国土部门牵头、相关部门配合开展《花溪区土地利用总体规划（2006—

2020 年）》调整完善工作，在调整前，风景旅游用地区包括专列为风景名胜设施的用地，面积为 261700 平方米，修改后该区土地面积为 2504800 平方米，净增加了 2243100 平方米。花溪区将全域旅游用地纳入了土地利用总体规划调整完善工作任务中，将涉及旅游项目用地纳入年度用地计划指标统计表中，优先安排用地指标，保障全域旅游项目用地需求。2016 年至今，涉及全域旅游用地为 1.66 平方千米，共 26 个地块，全部获得用地批准。通过调整和完善《花溪区土地利用总体规划（2006—2020 年）》，花溪区土地利用总体规划将与城市规划、生态规划、全域旅游发展规划等充分衔接，获新增建设用地规模 16 平方千米，占全市新增建设用地规模（40.67 平方千米）的 39.34%，位列全市第一。这些新增建设用地大大缓解了花溪全域旅游发展中的用地紧张的状况，有力地保障了花溪区 136 个文化旅游创新区建设项目用地，以及交通、水利等基础设施用地，为全域旅游提供了强有力的支持。

表 6-4　花溪区 2016—2018 年旅游用地计划指标统计

项目名称	批准用途	涉及乡镇	总规模（平方米）
花溪文化体育运动休闲基地	公共管理与公共服务、交通设施、居住、商业服务业设施用地、旅游用地	青岩镇北街村、大坝村	36864
花溪区青岩狮子山片区旅游文化产业综合体（1）	居住、商业服务业设施、旅游、交通设施用地	青岩镇歪脚村	81935
花溪区青岩狮子山片区旅游文化产业综合体（2）	居住、商业服务业设施、旅游、交通设施用地	青岩镇歪脚村	63549
花溪文化体育运动休闲基地	公共管理与公共服务、交通设施、居住、商业服务业设施用地、旅游用地	青岩镇大坝村、龙井村	71006
青岩古镇特色酒店群项目（1）	商业服务业设施、旅游用地	青岩镇北街村、龙井村	55272
青岩古镇特色酒店群项目（2）	商业服务业设施、旅游用地	青岩镇龙井村	19714
青岩古镇特色酒店群项目（3）	商业服务业设施、旅游用地	青岩镇西街村、北街村、龙井村	68496

续表

项目名称	批准用途	涉及乡镇	总规模（平方米）
贵州省游客集散中心	服务业设施、旅游、交通设施用地	青岩镇龙井村	69654
花溪区青岩狮子山片区旅游文化产业综合体	居住、商业服务业设施、旅游、交通设施用地	青岩镇歪脚村	39081
青岩堡二期	商业、旅游、服务业设施、交通设施用地	青岩镇北街村	42483
前街古建筑	商业服务业、旅游设施用地	青岩镇北街村、歪脚村	26672
集散中心1	商业、旅游、服务业设施、交通设施用地	青岩镇龙井村	53473
玉带溪苑二期	二类居住、旅游服务用地	青岩镇北街村、歪脚村	29756
甲秀南路尖山至大坝井土地一级开发项目（恒大地块）	商业、旅游、居住、交通设施、公共管理与公共服务用地	贵筑社区尖山村、洛平村	554666
田园南路H～10号地块1～2	商住用地、旅游用地	青岩镇大坝村	61373
田园南路H～10号地块2～3	商住用地、旅游用地	青岩镇北街村、大坝村	70434
田园南路H～10号地块1～1	商住用地、旅游用地	青岩镇大坝村	47682
田园南路H～10号地块2～2	旅游、商住用地	青岩镇大坝村	60135
田园南路H～10号地块2～4	旅游、商住用地	青岩镇大坝村	68000
田园南路H～10号地块3～2	商住、旅游用地	青岩镇大坝村	67735
天河潭提升改造1号地块	商业、旅游用地	石板镇隆昌村、茨凹村	3.0187
天河潭提升改造2号地块	旅游、商业用地	石板镇隆昌村、茨凹村	4.6092
合计	—	—	166.4259

（资料来源：根据花溪区相关资料整理）

二、出台《花溪旅游用地指导意见》，规范用地

按照国土资源部、住房和城乡建设部、原国家旅游局《关于支持旅游业发展用地政策的意见》（国土资规〔2015〕10号）、国务院办公厅《关于推进农村一二三产业融合发展的指导意见》（国办发〔2015〕93号）文件精神，以及贵阳市委、市政府《关于支持花溪区创建国家全域旅游示范区的意见》（筑党发〔2016〕15号）的支持政策，花溪区在研究和学习这些政策的基础上，立足花溪旅游业发展实际，2017年6月3日出台了《花溪区旅游用地指导意见》（花府办发〔2017〕59号）。为旅游新业态的用地流转提供了有力保障，对旅游项目中属于自然景观用地及农牧渔业种植、养殖用地的，不征收（回收）、不转用，按现用途管理。同时，花溪区积极开展《花溪区低丘缓坡土地综合开发利用试点实施方案》编制工作，并利用低丘缓坡开发建设大型文化旅游综合体项目，项目涉及低丘缓坡范围321000平方米。

表6-5 《花溪区旅游用地指导意见》的主要内容

积极保障旅游业发展用地供应。1.有效落实旅游重点项目新增建设用地：对符合相关规划的旅游项目，及时安排新增建设用地计划指标，同时加大旅游扶贫用地保障。2.在土地利用总规调整修编中，优先保障旅游项目规划建设用地指标。积极申报开展城乡建设用地增减挂钩试点项目，结余指标优先安排示范区建设项目。3.支持使用未利用地、废弃地等土地建设旅游项目。对使用荒山、荒地建设的旅游项目，优先安排新增建设用地计划指标。4.用地分类管理。旅游项目中属于永久性设施建设用地的，按建设用地管理，属于自然景观用地及农牧渔业种植、养殖用地，不征收、不转用，按现用途管理。5.多种方式供应建设用地。景区外的旅游咨询服务中心、游客集散中心、旅游公共厕所、自驾车露营地等非营利性基础设施建设用地，按照划拨方式供地；大健康产业中的民政福利设施涉及营利性的，按照协议出让方式供地；大健康产业中工业用地等其他用途用地，按照招拍挂方式供地。6.加大旅游厕所供地力度。新建、改建旅游厕所及设施使用新增建设用地，集中办理、专项安排。

明确旅游新业态用地政策。1.乡村旅游用地。依法依规前提下，农村集体经济组织使用建设用地自办或土地使用权入股、联营方式与其他单位或个人举办住宿、餐饮、停车场等旅游接待服务企业。2.自驾车、房车营地旅游用地。预留空间，自驾车房车营地土地用途按照旅馆用地管理。3.文化、研学旅行。利用现有文化遗产、公共设施等开展文化和研学旅行的，不改变土地用途前提下，利用现有房产兴办住宿、餐饮等旅游接待设施的，保持原有土地用途。

加强旅游业用地服务监管。1.做好确权登记服务。积极做好旅游业发展用地等不动产确权登记发证，为旅游业发展提供产权保障和融资条件。2.部门共同监管机制。风景名胜区、自然保护区、国家公园等旅游资源开发，建设项目用地供应和使用管理应同时符合土地利用总体规划、城乡规划、风景名胜区规划等相关规划。3.严格旅游业用地供应和利用监管。严格旅游相关农用地、未利用地用途管理，未经依法批准，擅自改为建设用地的，依法追究责任。

三、利用异地流转增减挂钩政策，破解难题

根据《贵州省城乡建设用地增减挂钩支持易地扶贫搬迁实施办法》（黔国土资发府〔2017〕7号），花溪区通过异地流转增减挂钩指标获得1.6平方千米建设用地，解决了花溪区孔学堂二期提升改造项目、恒大旅游综合体项目（一期）不符合土地利用总体规划的用地难题。以花溪恒大旅游城项目为例，该项目属于花溪区文化旅游创新区及创建全域旅游示范区的重点建设项目。项目选址在土地利用总体规划中部分地块属于有条件建设区，不符合土地利用总体规划。如果按照常规方式，该项目将无法完成土地报批工作，项目将难以落地实施。为保证项目顺利落地，花溪区多次向省、市国土部门汇报争取，希望通过支持政策完成项目土地供给。最终该项目利用异地流转、增减挂钩的政策，从瓮安县流转结余的新增建设用地规模指标，顺利实现了旅游项目的落地。

【案例】 恒大项目异地流转用地的做法

恒大文化旅游城项目位于贵阳市花溪区甲秀南路，文化旅游及配套用地总计5.59平方千米。项目建设内容包含乐园、酒店、会议中心、公共配套设施、公寓、住宅、学校、商业及相关配套设施等，乐园包含室内特效剧场、歌舞剧院、悬挂式特效过山车、旋转木马等35个业态设施。总建筑面积762万平方米，其中花溪区占地面积3.82平方千米，建筑面积514万平方米；贵安新区占地面积2.44平方千米，建筑面积248万平方米。

项目一期总占地面积1.44平方千米，总建筑面积约266万平方米，目前已逐渐动工的有160万平方米左右，计划于2020年建成。现项目工程情况如下：已完工的部分包括样板房于2017年7月1日开工，2017年11月10日完工；景观塔于2017年4月15日开工，2017年12月31日完工。在建部分包括：公共建筑商业街于2017年4月8日开工，完工时间待定；乐园2017年7月31日开工，计划2020年完工；展示中心于2017年3月17日开工，现阶段主体钢结构已完工。住宅部分3#、4#地块于2017年4月1日开工，计划于2020年完工；6#地块2017年7月20日开工，计划于2020年完工；8#地块2017年10月10日开工，计划于2020年完工；10#地块2017

年 9 月 10 日开工，计划于 2020 年完工。

花溪恒大文旅特色小镇在花溪区政府的大力支持下着力于建成项目规模宏大、国际顶尖的丰富文旅配套小镇。项目基础配套设施拟建设总长 20.24 千米的市政道路 7 条和消防站 2 座，预计投资额 401565 万元。具体为：松柏路、思雅北路、创业大道、盂溪路、五号路、北部环线、花燕路，新建消防站 2 座。引入恒大集团投资建设恒大文旅小镇，是花溪区推动全域旅游发展的重要举措。 但是在恒大项目建设落地的时候，却存在土地制约。该项目选址在土地利用总体规划中部分地块属于有条件建设区，不符合土地利用总体规划，按常规方式，该项目受土地利用空间规模布局的限制，无法完成土地报批工作，对项目落地存在一定的用地瓶颈。花溪区针对这类全域旅游发展中的重点文旅项目，在用地政策方面做了很多探索：

首先，加大土地政策支持力度，安排新增建设用地计划指标，依法办理土地转用、征收手续，积极组织实施土地供应，加大旅游用地保障。市、区政府在当年地价为 350 万元/亩的情况下，为支持恒大文旅项目建设，恒大集团以 160 万元/亩的价格摘牌，从而确保项目顺利入驻花溪。

其次，利用增减挂钩，异地流转的方式破解难题。《国务院关于规范城乡建设用地增减挂钩试点 切实做好农村土地整治工作的通知》（国发〔2010〕47 号）、原国土资源部《关于严格规范城乡建设用地增减挂钩试点工作的通知》（国土资发〔2011〕224 号）等文件出台后，国内多个省市曾陆续出台关于开展省内城乡建设用地增减挂钩等相关政策，依照"建设用地总量不增加、耕地数量不减少"的原则，将贫困地区相对丰富的土地节余指标资源，用于省会、新区、产业园区等亟须项目落地的地区。花溪区根据《国务院关于规范城乡建设用地增减挂钩试点 切实做好农村土地整治工作的通知》（国发〔2010〕47 号）、原国土资源部《关于严格规范城乡建设用地增减挂钩试点工作的通知》（国土资发〔2011〕224 号）和《贵州省开展城乡建设用地增减挂钩试点工作指导意见》等文件要求，多次向省、市国土部门汇报、争取支持政策。2016 年，花溪区将贵筑社区马洞村、尖山村、洛平村集体建设用地 843072 平方米征为国有，作为花溪区 2014 年度第十八批次城市建设用地。该批次建设用地涉及一个地块，为增减挂钩建新区地块。花溪区通过同黔南州瓮安县签订土地增减挂钩土地指标购买协议，黔南州瓮安县将结余指标 1.33 平方千米有偿流转给花溪区，用于地方经济发展。花溪区与纳雍县签订土地指标购买协议，将结余 0.27 平方千米有偿流转给花溪区用于地方经济发展用地。

花溪区利用这一政策，最终通过流转结余的新增建设用地指标的方式完成了用地报批工作，顺利获得了省政府用地批复，推动了这一重点文旅项目落户花溪区。恒大项目建成之后将形成大型城市文旅综合体，将成为花溪区"旅游＋特色小城镇"改革创新模式的基本依托，有效弥补花溪乃至贵阳市核心旅游吸引物缺乏的短板，将大大促进花溪区旅游类型的多元化发展，推动花溪区旅游品牌的高端化，具有突出的社会效益和经济效益。

（资料来源：根据花溪区相关文件和网络资料整理）

四、创新土地利用的多种方式，集约用地

按照贵阳市人民政府办公厅转发贵阳市国土资源局《关于贵阳市中心城区地下空间国有建设用地使用权有关工作和措施的通知》（筑府办函〔2016〕127 号），以及贵阳市国土资源局、贵阳市住房和城乡建设局联合下发的《关于贵阳市中心城区地下空间整体出让及办理不动产登记相关问题的处理意见（试行）》（筑国土资发〔2017〕278 号）等文件精神，花溪区不断探索创新土地利用方式：一是鼓励与旅游相关建设项目用地使用地下空间。2016 年，成功出让贵阳市第一宗利用地下空间开发的地块，用于花溪公园提升改造项目的重点配套景观。二是花溪区还针对不同用地性质采用多种方式供地。地下空间开发项目，地上建设公园绿地、城市休闲广场，采取划拨方式供地；地下空间商业，采取挂牌出让方式供地。三是探索创新旅游供地方式。对现代农业项目中符合文件规定布局的设施农用地按程序进行用地备案，不需办理农用地转用手续。四是集约用地。合理利用低效用地政策盘活工矿企业用地，根据低效用地政策中关于利用现有工业用地，兴办先进制造业、生产型及高科技服务业、创业创新平台等国家支持的新产业、新业态建设项目的，经市县人民政府批准，可继续按原用途使用，过渡期为 5 年的用地政策。这些政策都大大推动了对工业用地进行旅游综合化利用。

五、多途径提供旅游服务设施用地，保障供给

花溪区对全域旅游发展中的旅游公厕建设和游客服务设施建设用地，采取了多种

▲ 青岩古镇西门小广场旅游厕所

举措来保障供给。一是针对新建、改建旅游厕所及相关粪便无害化处理设施需使用新增建设用地的，可由旅游厕所建设单位集中申请，按照法定报批程序集中统一办理用地手续，专项保障新增建设用地计划指标；二是支持村集体建设用地用于修建乡村旅游公厕等游客服务设施；三是盘活存量国有建设用地，特别是划拨道路用地空闲地块可优先用于旅游公厕、游客服务中心及乡村旅游驿站的建设；四是支持现状已建成农村宅基地用于改造作为民宿、农家乐等乡村旅馆等使用。

第四节　实施人才强旅战略　吸引高层次人才

为推进全域旅游先行示范区建设，花溪区大力实施"人才强旅"战略，主要从建立全域旅游发展的专家智库、制定吸引高层次人才的激励政策、推动产学研的一体化、加强人才队伍培训四个方面，为建成国家全域旅游示范区提供了人才保障和智力支撑。

一、引入外脑，建立花溪旅游发展的专家智库

花溪区全域旅游示范区建设要立足花溪，放眼全国，需要高水平的理论指导和咨询服务。2016 年，花溪区建立"花溪区旅游发展专家智库"，2017 年花溪区人民政府成立"花溪区旅游发展咨询委员会"。聘请规划设计、旅游管理、旅游培训、水文地质与工程等专业的 7 名专家学者作为委员，为花溪区全域旅游发展提供咨询服务和智力支撑。自花溪区旅游发展咨询委员会成立以来，智库为花溪区的厕所建设管理等级评定、乡村旅游客栈从业人员、旅游安全培训、旅游扶贫等多领域的旅游发展工作提供了咨询和服务，有力地推动了花溪区全域旅游发展。

二、制定政策，吸引高层次人才支持花溪全域旅游建设

面对国内多个省市特别是西部地区纷纷出台各项优惠政策，吸引高学历人才、专业技术人员的"抢人大战"，花溪区积极制定《花溪区高层次人才引进及服务管理办法（试行）》，并针对全域旅游的建设需要，制定《花溪区加强文化旅游人才队伍建设的实施方案》以及《花溪区创新旅游人才引进、培训及激励制度实施意见》。通过制度化的方式，引进和聘请高层次、高学历、专业技术人员、企业家等创新型旅游人才到花溪长期居住或短期工作。具体激励措施包括特殊津贴、住房补贴、奖励政策等方面。

面向全国引进、招聘旅游方向的专业人才和面向全省公开选聘创建国家全域旅游先行示范区急需紧缺人才。以中国贵州人才博览会为平台，采取高层次人才引进、公务员招录、事业单位公开招聘（选聘）等方式，积极为区旅管委、旅游局和乡（镇）充实人员，加强花溪区旅游人才队伍建设。2016—2018 年，为旅游部门引进高层次人才 8 人，事业单位公开招聘（选聘）17 人。

表6-6 花溪区高层次人才引进的主要措施

花溪区为了推动经济社会发展和人才队伍需要，推进人才强区战略，对高层次人才，制定了一系列的吸引措施：

1. 科研经费：对引进从事科研工作的高层次人才，区里和单位按照 1：1 承担科研经费，博士或具有正高职称的，资助金额 10 万元，硕士并具有副高职称的，资助金额 5 万元，其他特殊专业人才，资助金额 5 万元。
2. 生活津贴：对直接引进到花溪区工作，并签订 5 年以上合同的高层次人才发放生活津贴，博士或正高专业技术职称的人员，每月 1000 元。获硕士学位并具有副高专业技术职称的，每月 500 元。
3. 住房补贴：对于博士或具有正高级职称的人员，提供住房补贴 15 万元，硕士并具有副高专业技术职称的提供住房补贴 10 万元。
4. 表彰奖励：每年按照不超过高层次人才总数的 15%，对表现突出的进行奖励。

三、产学互动，为花溪全域旅游发展增加人才储备

花溪区依托花溪大学城的教育资源和优势，开展常态化的校企人才联合培养、实习基地、人才培训基地共建等工作。与贵州大学、贵州师范大学、贵州财经大学等签订人才培养方面的战略合作协议，合作共赢，推动产业和高校的良性互动，也为花溪区全域旅游发展增加了后续的人才储备。

四、加强培训，激发现有人才队伍的潜力和活力

花溪区通过旅游行业人员培训、乡村旅游骨干培训、网络在线学习等方式，不断提升旅游从业人员业务素质和工作水平，加强人才队伍建设、激发现有从业人员的潜力。具体来说：一是外出交流。每年通过组织涉旅单位的相关领导、工作人员外出参加培训，相互学习借鉴，开展经营交流和研究，为花溪区培养高素质旅游人才搭建良好平台，参加人数超过 200 人次。二是乡村旅游骨干培训。每年通过集中对辖区内各行政村、居委会旅游骨干开展旅游知识轮训，提高乡村旅游人才素质，培训人数超过 2000 人次。三是网络培训。以网络在线学习为平台，加大对科级以下干部的旅游相关专业知识培训力度，重点围绕全域旅游、区域经济、产业政策、文旅融合等专题，在全区开展科级以下公务员（参公人员）和事业单位硕士研究生及以下学历人员网络在线培训。2016—2018 年，参学人员达到 2571 人次。通过这些培训措施，加深了旅游管理和从业人员对旅游专业知识的理解，拓宽了工作思维，激发了现有人才队伍的活力。

第七章 创新"花溪模式"之融合发展

融合发展是全域旅游的要义。全域旅游是推动旅游产业融合、经营模式创新，推动要素流动，实现城乡融合的重要途径。花溪区依托旅游、金融、科技、文化、体育等优势资源，形成了"旅游+"和"+旅游"等融合发展模式，在文旅融合、农旅融合、体旅融合、工旅融合及科技旅游方面积极尝试探索创新，进一步促进了花溪旅游业全面发展，并探索了促进城乡融合的城镇化新型模式。

第一节　深化产业融合　"旅游+"形成五大系列

面对国内旅游休闲消费升级的浪潮，花溪区无论在旅游产品还是在旅游业态上，仍然存在诸如旅游新产品不多、新业态较少、产品科技和文化含量较低等问题。旅游服务精细化程度不够，旅游产业运行质量和效益不高。花溪区在全域旅游示范区创建过程中，围绕全景式规划、全季节体验、全社会参与、全产业发展、全方位服务、全区域管理的发展目标，培育"全域要素+产品"的模式，推动旅游、农业、文化、互联网、交通、体育等多产业的融合发展。推动科技、资本、土地、人力等多要素的共同参与。探索了产业融合的新模式，新业态不断涌现，产品的精品化、服务的细致化程度不断提升。旅游产业融合产生的业态新、示范强，持续发展好。花溪区在推动旅游与多产融合发展方面基本形成了五大系列：

一、"旅游 + 文化"系列形成，构建重要文化品牌

花溪区依托区内丰富的文化资源，形成了"旅游 + 文化"深度融合的态势，形成了一些文化上的强势品牌，在全国和省内都具有一定的创新和引领意义。主要依托花溪大学城、孔学堂，打造精品研学旅游线路。培育苗族跳花、"射背牌"、青岩花灯戏、布依族"六月六"对歌等特色体验项目，以及花溪之夏艺术节、高坡"四月八"等常态化节庆活动。形成民族文化旅游、传统文化旅游、研学旅行等新业态。在充分发掘贵阳市以及花溪区丰富的传统历史文化、灿烂的多民族文化、传统和现代体育文化资源的基础上，着力提升景区景点的文化内涵，建成传承中华传统文化精神高地——孔学堂和两周文化交流中心。集军事文化、宗教文化、民俗文化、建筑文化于一身的青岩古镇，更是成为带动周边地区快速发展，实现城乡融合的重要突破口，2016年，青岩古镇入选全国首批特色小镇。

（一）促进旅游与传统文化的深入融合

贵阳市孔学堂就是旅游和文化融合发展典型，它已经被设立为海峡两岸交流基地、被评为全国社会科学普及基地、被命名为贵州省文化产业示范基地，成为贵州省对外文化交流的重要平台和国内文化领域内的一个响亮品牌。

【案例1】 孔学堂

孔学堂位于花溪国家城市湿地公园内，孔子展览馆和儒学馆合称孔学堂。孔学堂于2014年7月10日正式对外开放。展览馆占地1700多平方米，以图文、实物、多媒体和场景等多种展示手段，对孔子生平、学术历程、学术成果做了展示。孔学堂有利于挖掘和阐发优秀传统文化思想价值、推动中华优秀传统文化的普及，为弘扬社会

主义核心价值观发挥积极作用。

花溪区充分发挥孔学堂独特的平台、品牌和资源优势，致力于打造中国一流、世界知晓的研学旅行目的地。每年举办约 200 场的传统文化活动，推出"孔学堂四礼"等体验产品、举办春节文化庙会、《此心光明》大型历史话剧等。此外，推动孔学堂文创产业的发展，进行文化创意产业园区建设，加强相关文创产品的设计、生产、宣传、销售等，创造出新颖独特的文创产品。自孔学堂开放以来，累计接待考察团体 2000 多个，参观人数逾 200 万人次。2016 年园区接待游客为 3399000 人次，2017 年接待游客数为 4957400 人次，增速为 46%；2018 年接待游客数为 6149500 人次，增速为 24%。

▲ 孔学堂

【案例 2】 青岩古镇

青岩古镇位于贵阳市南郊，建于明洪武十年（1377），原为军事要塞，因明朝屯兵而建镇，以青色的岩石而得名，是一座因军事城防演化而来的山地兵城，素有贵阳"南大门"之称。古镇内设计精巧、工艺精湛的明清古建筑交错密布，寺庙、楼阁雕梁画栋、飞角重檐相间。古镇人文荟萃，有历史名人周渔璜、清末状元赵以炯（贵州

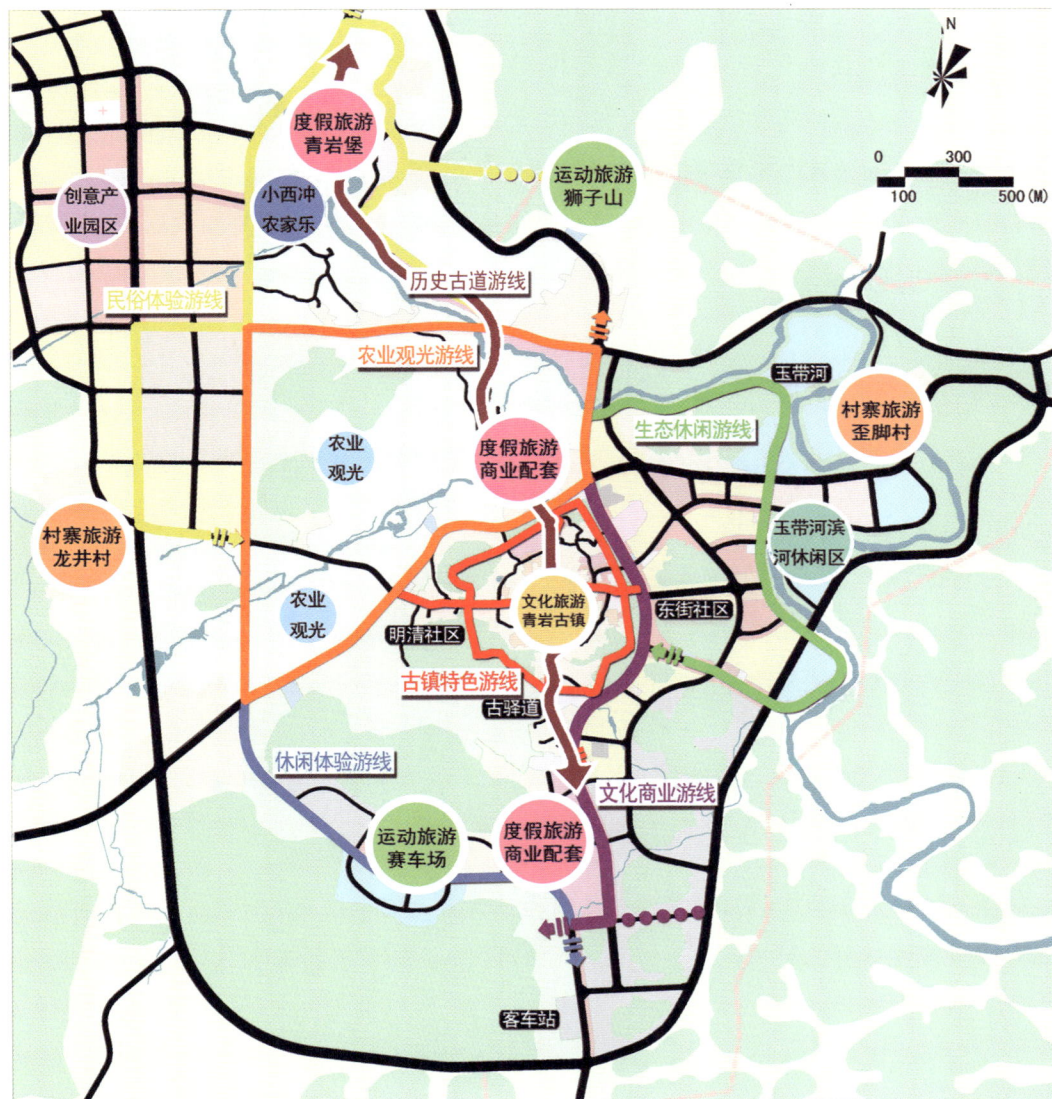

▲ 青岩古镇业态规划

历史上第一个文状元）。古镇内有近代史上震惊中外的青岩古镇教案遗址、赵状元府第、平刚先生故居、红军长征作战指挥部等历史文物。周恩来的父亲、邓颖超的母亲、李克农等革命前辈及其家属均在青岩古镇秘密居住过。青岩古镇还是抗战期间浙江大学的西迁办学点之一。在深入挖掘青岩古镇传统文化、建筑文化、红色文化、军事文化等基础上，花溪区推动青岩古镇旅游业发展，高标准建设了国家 5A 级旅游景区，并以青岩古镇为龙头，带动全区核心旅游产品建设和培育。

青岩古镇是贵阳市首个国家 5A 级旅游景区，2005 年 9 月青岩古镇景区被建设部、国家文物局公布为第二批中国历史文化名镇。2013 年在顶峰国际非物质文化遗产保护与传承旅游规划项目中被誉为中国最具魅力小镇之一。2016 年入选全国首批特色小镇。

（二）推动旅游与节庆、演艺活动的融合

促进花溪区民族文化和现代流行文化的结合，形成一系列具有市场影响力的演艺品牌、代表性的节事活动等。例如，天河潭景区的相声演绎之贵阳故事、天河潭滨水休闲度假区水秀表演、"花开溪边"民族歌舞专题演出、青岩古镇景区文化展、"花溪之夏"艺术节、高坡苗族"四月八"民族文化活动、孔学堂春节文化庙会活动、马铃布依族"六月六"民族文化活动、"正月十三"花溪区民族民间歌舞大联欢等。

【案例】 董家堰村麦翁布依古寨

溪北社区服务中心辖区董家堰村麦翁布依古寨是国家民委下发的《关于命名第二批中国少数民族特色村寨通知》的第二批中国少数民族特色村寨。

1. 地理位置

麦翁布依古寨位于花溪十里河滩中段，属于董家堰村自然村民组三组，左向花溪公园，右向孔学堂。近两三年来已逐渐发展，形成了集旅游、农家乐、住宿、烧烤于一地的休闲娱乐佳地。花溪十里河滩郁郁葱葱，青山绿水掩映下的麦翁布依古寨，分外迷人。一片金丝榔大树下，若干农家乐山庄错落有致，古色古香，布依民歌时而响

起，浓郁的布依族风情分外引人注目。麦翁布依古寨风景秀丽，布依族文化浓郁，整座山寨背靠大将山脉，寨前花溪河蜿蜒清澈，是远近闻名的风水宝地。古寨古树林立，参天自然，生态保护较好，是十里河滩的一颗明珠。

2009 年 12 月 4 日，国家住房和城乡建设部批准以十里河滩为主体的贵阳花溪城市湿地公园为国家城市湿地公园。十里河滩是贵阳市非常宝贵的城市湿地，拥有众多珍稀动植物种类，是镶嵌在花溪这颗"高原明珠"上的瑰丽"宝石"。陈毅元帅 1959 年游花溪时，曾欣然赋诗："真山真水到处是，花溪布局更天然。十里河滩明如镜，几步花圃几农田。"

2. 历史沿革

麦翁布依古寨已有 300 多年的历史，村寨中王姓为主要姓氏，次之有李、罗、张姓，王姓为宣慰府都史将军定远侯王郎的后代。麦翁布依古寨现有 129 户，共 562 人，除张姓为汉族外，其余姓氏均为布依族。"麦翁"根据布依语"咪翁"的谐言而来，在布依语中"麦翁"也称"曼汪"，意译为王（姓）的寨子。突出布依族服饰的传统特色，上衣通常以白色为主，围腰、腰带上通常绣有花鸟为主题的刺绣。但随着时代的变迁现今的布依族服饰颜色多样化，刺绣也不单是纯手工的。这里保留了原始修建的河堰、水渠、水车、跳磴和众多古树，胡锦涛主席和新西兰总理曾经来过这里，都连声赞好。

3. 经营情况

2018 年，董家堰村麦翁布依古寨村民人数 562 人，外来流动人口劳动力总人数 190 人，共有商户 38 户；客栈经营 8 户，共有床位 195 个，总收入 240 万元，平均每户年收入 30 万元；外来户经营农家乐 10 户（本村村民经营农家乐 3 户），总收入 280 万元，平均每户年收入 28 万元；外来户经营烧烤 19 户（本村村民经营烧烤 11 户），总收入 228 万元，平均每户年收入 12 万元；外来户经营诊所 1 户，总收入 4 万元，平均每月收入 4000 元；中小型停车场 7 个（其中 1 个为村级管理，6 个为村民空地），总收入 60 万元，平均每个年收入 10 万元。2018 年人均可支配收入为 2.40 万元，比 2017 年同期上浮 10%。

4. "六月六"布依歌会

麦翁布依古寨 2011 年被省布依学会定为"贵州省布依族'六月六'活动基地"，

每年"六月六"都邀请周边村寨和周边县、区、市的布依族同胞一同参加。

麦翁布依古寨 2009 年 9 月 10 日成立了麦翁古歌队，以"唱响布依古歌，传承布依文化"为宗旨，鼓励队员大力传承、传播、发扬布依文化，麦翁古歌队主要在每年的六月六等传统的布依族节日在麦翁布依古寨开展布依族古歌传唱活动，现有队员 6 人。结合文化活动，将布依族古歌、木叶情歌对唱、拦路酒歌、打糍粑、包粽子等布依族系列民风民俗展示出来，积极推广"粽子""布依酒""糍粑"等布依族传统特色美食，借创建全域旅游示范区之机发展经济，发扬保留好布依族文化，举办好每年的"六月六"麦翁布依歌会，吸引八方宾朋到麦翁布依古寨来旅游做客。

5. 民族团结

多途径选拔少数民族同胞进入村支两委充实基层工作力量，少数民族同胞主动管理自己的事务，完善民族村寨基础设施建设，开展好便民服务。全力保持布依族传统特色的完整，麦翁布依古寨属于十里河滩规划项目拟拆除，在社区和董家堰村支两委的协调努力下，对原有房屋建筑进行细化，保留了麦翁布依古寨，提高了布依族村寨辨识度，提升了村寨景观建设。积极支持有条件的村修建村内停车场、绿化景观带、休闲凉亭、文化宣传墙、休闲长廊等活动场所，使基础设施建设不断完善。设立便民服务站，组织开展面向同胞的便民服务活动，把开展民族团结进步宣传活动与为各族群众办好事、办实事结合起来，从解决少数民族同胞最关心、最直接、最现实的利益问题入手，切实解决好少数民族同胞生产生活中遇到的实际困难。积极维护来我辖区少数民族流动人口的合法权益，开展少数民族同胞就业创业、法律援助、急难救助、心理咨询等服务体系建设。加强监督检查，坚决纠正和杜绝歧视或变相歧视少数民族同胞、伤害民族感情的言行。像维护自己的眼睛一样维护民族团结，像珍视自己的生命一样珍视民族团结，在中华民族大家庭中共同团结奋斗、共同繁荣发展，在全面建成小康社会伟大进程中携手奋斗、共圆梦想。

（三）立足城市文化设施和场馆，构建城市旅游支撑

以花溪公园为代表的城市公园、孔子博物馆、花溪图书馆、十里河滩科普馆、溪云小镇展览馆、阳明馆、花溪文化馆、巴金纪念馆等类型多样的城市文化设施和场

馆，在文旅融合的大背景下，花溪区积极推动这些场馆的主客共享，积极构建城市旅游多种业态。

【案例1】 十里河滩科普馆

贵阳生态科普馆坐落在贵阳市花溪区花溪国家湿地公园北端，紧邻腾龙湾，南望孔学堂，占地面积 1900 平方米，是贵阳市第一个以生态为主题的专题性城市展示馆。馆内采用"1+3+1"的展示结构，即一个生态贵阳大数据展示中心，三个不同角度的生态解读，以及一个特色主题剧场。讲述了生态贵阳的悠久历史、多彩生命、生态建设、环境保护与文化传承。

【案例2】 巴金纪念馆

花溪公园内有两座小洋房，一座在公园东侧（东舍），一座在公园西侧（西舍）。东舍兴建于 1940 年，于 1941 年年初竣工。1944 年 5 月，我国著名文学家巴金先生曾与萧珊在此"举行婚礼"，共度蜜月，当他把萧珊送上车去四川后，独自在此写完了他构思已久的中篇小说《憩园》。中华人民共和国成立初期进行过简单修整，仍保持原样。但因巴金先生的中篇小说《憩园》，而改名为"憩园"，并挂有白底黑字的小木牌"花溪小憩"。1958 年，贵州省政府在花溪兴建宾馆，把花溪小憩改建成两层楼户，盖琉璃瓦。为与西舍对称，把花溪小憩改为东舍，并挂牌。20 世纪 80 年代，东舍又经过修整，将屋面瓦改成了土红色。1992 年以后，花溪组建了旅游公司，并派人到上海走访巴金先生，征集资料并成立了巴金纪念馆。

二、"旅游 + 农业、林业"系列形成，带动乡村旅游快速发展

花溪区不断深化农旅融合发展，重点打造了"溪南十锦"乡村旅游示范带，形成了"黑转绿"久安现代高效茶叶示范园等项目，形成了青岩农夫果园等休闲农业种植

基地、森林生态旅游、精品水果采摘、农业科普教育等多种类的新业态。以久安茶园、青岩农夫果园等 10 余个农旅融合示范综合体为代表，采取"山地农业 + 乡村旅游 + 农村电商"的模式，大大推动了农产品附加值的提升和农民增收，带动乡村经济快速发展。

花溪区拥有贵州省乙级乡村旅游村寨 3 家，标准级乡村旅游村寨 5 家。龙井村、扰绕村、镇山村等旅游村寨，建筑独特、文化浓郁，是乡村地区旅游、农业、民族文化多元融合的典型代表。

表 7-1　花溪区代表性旅游村寨

荣誉称号	村寨名称/评定时间
贵州省乙级乡村旅游村寨	青岩镇龙井村　2017年
	扰绕村　2018年
	石板镇镇山村　2018年
贵州省标准级乡村旅游村寨	青岩镇山王庙村　2018年
	高坡乡石门村　2018年
	溪北社区麦翁布依古寨　2019年
	久安乡的久安村新寨　2019年
	马铃乡的马铃村水车坝　2019年

（根据花溪区旅游局相关资料整理）

【案例】　花溪区青岩镇农夫果园

溪南青岩农夫果园（贵州果舍天香农旅发展有限公司）是花溪区 2017 年通过花溪区招商引资引进的企业之一，该项目总规划占地约 1 平方千米，以种植葡萄、柑橘为主，红树莓、黑树莓、黄金果、金丝枣、桑葚果、无花果等为辅。最终将建成融葡萄庄园、休闲垂钓、生态餐厅、户外运动、房车露营基地为一体的田园综合体。项目在青岩镇政府及山王庙村村委的支持下，果园目前完成土地流转 30 多万平方米，已栽种沙糖橘、黄桃、葡萄等 30 余种水果。目前园区内温室大棚、蓄水池、机耕道等基础设施建设已全部完成。未来将把农夫果园打造成为精品果园总部基地，带动农业生产、输出等一系列产业链的建立与发展，让当地及周边农民增收。

三、"旅游＋工业商贸"系列形成城市旅游商圈

花溪区主要依托三线工业厂房等工业遗址，形成了包括竹制品加工制造、汽车商贸、工业遗址旅游等工业旅游新业态。主要依托小孟工业园、孟关汽贸城、青岩黄磷厂等工业园区和工厂遗址，打造花溪的"798"——板桥艺术村、黄磷厂工业遗址创意园区等工业旅游点，形成工业文化旅游线。此外，在城市旅游集散地和商业密集地，花溪区完善旅游设施、提升旅游体验，支持文化创意企业聚集和发展，促进形成商业活动的聚集区。

【案例1】 板桥艺术村特色工业遗址区

板桥艺术村地处花溪区田园南路中段，隶属贵州华工工具注塑有限公司。华工公

▲ 板桥艺术村

司前身是 20 世纪 60 年代中期，天津和上海支援贵州"三线"时建成的几家国有企业之一。随着社会发展进步，旧国企改革重组过程中，一部分老工业厂房和土地闲置下来。为了盘活这些"资源"，2016 年，华工公司开建板桥艺术村。依托闲置老工业厂房整合重组，利用深厚的工业历史感、老工业文化底蕴、独特的自然生态环境等优势，打造融绘画、书法、雕塑、旅游为一体的特色工业遗址区。2016 年接待游客数为9000 人次，2017 年接待游客数为 27000 人次，游客增速为 200%，2018 年接待游客数为 35000 人次，游客增速为 29.63%。

如今，板桥艺术村作为工业遗产旅游的代表，已经是国家 3A 级旅游景区，成为花溪区重要的旅游景区之一。

【案例 2】 亨特·公园里商业活动聚集区

亨特·公园里地处甲秀南路与花溪大道两条城市主干道之间，周边聚集了花溪河、黄金大道、十里河滩以及青岩古镇等几大著名的旅游景点，是游客的旅游集散地，每年接待游客超过 1600 万人次，是真正意义上的旅游中心。以亨特·公园里为原点，形成了融生态、文创、旅游、购物、休闲、娱乐、美食为一体的旅游商业活动聚集区。

表 7-2　花溪区重要景区一览

旅游景区名称	品牌
青岩古镇景区	5A 级
天河潭景区	4A 级
贵阳市花溪区湿地公园景区	4A 级（国家城市湿地公园）
青岩镇龙井村景区	3A 级
板桥艺术村景区	3A 级
高坡扰绕景区	3A 级

续表

旅游景区名称	品牌
夜郎谷景区	3A级
青岩古镇（茶马古道段）	全国重点文物保护单位
桐埜书屋	爱国主义教育基地（贵阳市级文物保护单位）

（根据花溪区旅游局相关资料整理）

四、"旅游+体育+交通"系列推动形成文、体、旅综合目的地

交旅融合、体旅融合是当今方兴未艾的消费潮流，孕育着大众户外运动产业的兴起。花溪区在推动交旅融合、体旅融合新业态方面成效显著。已经形成了汽车营地、房车营地、帐篷酒店、集装箱房、户外拓展、体育赛事等新业态。建设了花溪高坡扰绕汽车露营地、㳆致汽车露营连锁青岩基地、培育了红岩峡谷徒步穿越、鬼架桥大自然探索等户外体育旅游活动，已经建成骏驰 F3 国际赛车场，成功举办了中国房车锦标赛、低空飞行、贵阳国际马拉松赛事等大型活动。为游客提供了个性化的新鲜体验。

【案例1】 石门—扰绕文、体、旅综合旅游目的地

扰绕村是高坡乡唯一一个布依族村寨，绮丽的自然风光和独特的布依族风情构成

▲ 石门—扰绕规划布局总平面图

137

了这里丰厚独特的旅游资源，2016 年，花溪区围绕创建全域文化旅游创新区的战略目标，实施了包括扰绕村在内的"溪南十锦"建设，推进"农文体旅"融合互促的产业发展。当年，纳入"溪南十锦"项目的扰绕公园开工建设。依托当地特有的自然风光、特色民俗和生态气候，扰绕公园重点打造了露营基地、生态步道、观景台、儿童乐园等内容，2017 年国庆前夕，公园建成开放，很快成为露营爱好者和摄影爱好者的天堂。

【案例2】 㟂致汽车露营连锁青岩基地

㟂致汽车露营连锁青岩营地紧靠青岩古镇北门，占地 5 万余平方米。周围建有 F3 专业赛道、自行车车道等多个大众旅游运动场。营地建有木屋、房车、帐篷、电影院、儿童乐园等住宿娱乐设施。营地周边有环保自行车专用车道，便于游客骑环保健康自行车出游，休闲广场可作为公众和游客的休闲健身场地，专业的 F3 赛车场，既可举办专业赛事，又可满足游客的"赛车瘾"，体验一把专业车手的感觉。营地与青岩古镇毗邻，与未来即将建成的贵州省游客集散中心、高端酒店群、精品客栈、各色餐饮、绿道等项目连为一体，构建以青岩景区为核心的文化、旅游、体育综合目的地。

▲ 㟂致汽车露营连锁青岩基地

五、"旅游 + 大数据"系列，提升旅游科技含量

花溪区利用贵州大数据发展优势，力促大数据同旅游的深度融合，推动旅游运行监测平台和景区数字化进程，实现旅游管理和景区管理手段的更新和变革。在产业化发展方面，花溪区鼓励涉旅大数据企业的发展，搭建溪云小镇旅游科技融合的企业孵化平台，引进文创、科创、电子商务、供应链等多家企业，融合业态特色鲜明。

【案例】 数字经济特色小镇：溪云小镇

溪云小镇位于贵阳市花溪区花溪大道南段十和田汽车 4S 店原址、老来福药厂原址，北依孔学堂、南靠花溪公园、东临十里河滩，紧邻贵州大学及贵州民族大学，生态环境良好，文化资源丰富，人才资源充足。小镇利用十和田汽车 4S 店、老来福药厂现有建筑进行提升改造，占地面积近 6 万平方米，建筑面积约 5 万平方米。重点发展科技创新产业及文化创意产业，建设大数据产业集聚平台，以"大数据 + 文化旅游""大数据 + 创业""大数据 + 培训""大数据 + 金融"等为抓手，形成花溪区数字经济、信息经济、创新经济、文化经济、旅游经济发展的重要产业集聚地，旨在打造花溪数字经济特色小镇。

溪云小镇以大数据信息技术为基础，开展"大数据 +"相关产业，形成科创及文创产业聚集的重要园区。园区重点打造"三中心一平台"，即产业创新展示中心、花溪投资推广中心、一体化企业成长中心及企业互动交流平台。小镇整合来自硅谷、北京、深圳、香港等地区的优秀企业资源，为区块链、物联网、人工智能、文旅创新等新兴产业打造顶级行业实验室。

作为一个融文化、旅游、金融、大数据四大产业为一体的双创园区，溪云小镇共分为 A、B 两区。A 区为文化旅游创意展示活动区，满足展览展示、会议、培训、产品发布、创业基金、产业孵化、互动体验等多重功能。B 区为创新、创客加速孵化区，涵盖文化旅游、培训、互联网、特色产品包装设计、研发、孵化办公等产业创业孵化功能。贵州智星无限科技有限公司作为溪云小镇运营方，成立于 2015 年，公司致力

于发展大数据、文创、手游、动漫、音乐、阅读、旅游电商平台、智能穿戴设备等高新产业，是集研发、运营、推广于一身的大型集团性公司。

小镇运用金融手段，通过创业孵化器及创业基金投入帮扶，形成以培训、展览、展示、创业基金、产业孵化、产业聚集等为主的产业生态圈，致力于打造贵州省以大数据为基础的数字经济特色产业小镇。小镇利用国际化理念，重点打造花溪旅游商品国际名牌、构建特色旅游商品产业集群，建立"大数据＋创业创新"培训，在品牌、产业、人才等多个方面助力花溪区建设国家级全域文化旅游创新区。

自 2017 年 3 月开始建设以来，小镇也作为 2018 年数博会的观摩地点之一，溪云小镇在孵化培育数字企业方面成效显著。1. 已经完成企业注册 68 家，入驻企业 30 家，进行中 35 家。2. 引进全球三大社交平台之一的领英（Linkedin）。成立了营运线下的领英品牌的大数据创新体验中心，为花溪区做"大数据＋旅游海外传播""大数据＋招商引资项目运营"，让海外企业及时了解花溪区，进驻花溪区。3. 引进中建科技集团有限公司，以新型建筑工业化、建筑节能环保、集成房屋、建筑材料等为核心业务，作为装配式建筑领军企业，该企业拟在小镇成立科研中心。4. 引进勤智数码科技股份有限公司。落户小镇的贵阳勤智大数据科技有限公司将作为全国第三个运营中

▲ 花溪区溪云小镇

心，业务辐射到广东、广西、湖南等省份。5. 引进斑点城市文化创意设计有限公司。它是致力于城市文化IP打造、旅游纪念品开发的文创企业。将打造贵州民族文创产品、城市地域文创产品，产品将达1000种，进驻贵州省30家国家5A级和4A级旅游景区，采取"文创＋新零售"的模式从花溪区的景区辐射到全国。

自2017年开园以来，小镇举办了很多活动，接待游客15000人次，包括政府组团48次，商务组团46个，招商活动14场等。溪云小镇已经成为花溪区发展数字经济，促进文创、旅游、数字经济融合的样板。

花溪产业融合效果突出，示范性强。各类融合发展的新业态获得多个国家级和省级称号，在国内和省内具有突出的创新性和良好的示范意义。例如青岩古镇被评为"贵州省文化产业示范基地"、贵阳孔学堂被评为"贵州省文化产业示范基地、海峡两岸交流基地"、贵州顺和骏驰汽车运动基地被评为"贵州省汽车运动产业基地""贵州省青少年卡丁车运动基地"，久安乡现代高效茶叶示范园区被评为"省级农业旅游示范点""贵州十大茶旅目的地"，天河潭景区现代观光园被评为"省级农业旅游示范点"。

▲ 贵州顺和骏驰汽车运动基地

第二节　力促城乡融合，点状新业态拉动乡村旅游带状发展

花溪区南部片区是促进城乡融合的重点地带，主要包括青岩镇、黔陶乡和高坡乡，面积 287 平方千米。花溪南部片区拥有贵阳市唯一的国家 5A 级旅游景区青岩古镇，1 个省级名胜区，旅游资源丰富，类型多元，文化多姿多彩。围绕这一条旅游资源富集带，花溪区提出把南部片区的休闲农业、特色村寨、文化遗迹进行"特色组团式立体打造"，制定《花溪南部片区旅游产业发展规划》，重点打造"溪南十锦"项目。在新业态培育、经营模式探索、基础设施建设、旅游服务节点布局等方面，重点沿着南部片区形成，这些项目业态丰富，类型多样，着重在推动旅游与文化、农业、香葱、茶叶、户外运动、体育竞赛等产业的深度融合，有效带动农民增收。这些项目的实施，大大提升了农民收入，2013—2017 年，花溪区农民可支配收入从 11604 元增长至 16353 元。同时，这些项目的开展，也推动南部片区成为花溪旅游发展的重点区域。

【案例 1】"溪南十锦"乡村旅游示范带

"溪南十锦"位于花溪区东南部，是依托国家 5A 级旅游景区青岩古镇，将青岩镇、黔陶乡、高坡乡进行"特色组团式立体打造"，充分利用沿线自然风光、特色民俗和生态气候，将沿线村寨进行串联，着力构建的乡村旅游示范带。

该项目于 2016 年正式打造，涉及 24 个行政村，以 16 个村寨为打造重点，规划面积 148 平方千米，覆盖 34145 人，包括道路提级改造、房屋立面整治及庭院改造、农村基础设施建设三部分，共涉及 257 个项目，总投资 7.5 亿元。目前，主要形成了龙井村、山王庙村、扰绕村、石门村等特色旅游村寨。龙井村主要打造布依族民俗农创旅游目的地，展现布依族民俗，感受龙井灵水，实现田园寻乐。打造以布依族民俗、文化、生活为载体的布依族风情体验区，融特色农家乐、布依族文化体验工坊为一体的布依族文化印象体验乡村旅游点。山王庙村打造以"静、雅、奢"为特色的高

品质乡村慢生活度假区。扰绕村自然资源禀赋优越，打造以梯田体验、峡谷观光为特色的综合田园乡村旅游点。石门村以高原台地梯田为核心，建设融高原梯田观光、户外徒步运动、民俗客栈群为一体的石门扰绕梯田乡村旅游点。

项目以建设文化旅游创新区和创建国家区域旅游先行示范区为总揽，以建设更高水平的小康社会为终极目标。通过创新乡村旅游模式、创新农村特色化模式和创新农村大扶贫模式，形成农村创新发展模式的三大核心抓手。注重城乡一体化发展、农业园区建设、生态景区保护开发、文化遗产保护利用、"互联网＋大数据"发展，形成五个发展相结合；实现花溪区扶贫开发工作、统筹城乡发展基础设施建设"七大工程"全面提升的目标，展现花溪区好形象，促进全区农村特色化发展；最终形成农业、旅游、城乡统筹、绿化体系、大数据（农村电商）、公益事业、基层建设、社会管理八位一体全面发展的国家全域旅游先行示范区乡村旅游示范带。同时，充分利用青岩—黔陶—高坡沿线山水林田的自然风光、古韵乡愁民俗优势，建立以全域旅游引领区域大扶贫与农村特色化可持续发展的新模式，依托沿线主导产业，推进农旅融合、文旅融合、体旅融合，构建景区、景点、景线体系，构建快进漫游体系，构建旅游、休闲、度假与康体运动体系，建立打造以"溪南十锦"为主题的国家全域旅游先

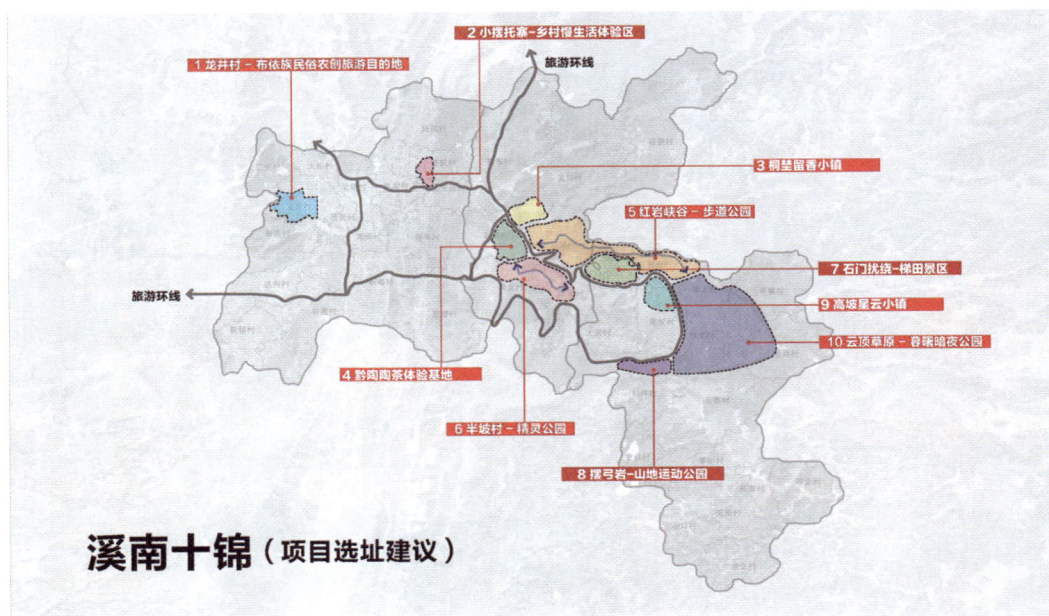

▲ 溪南十锦项目示意

行示范区乡村旅游示范带。通过"溪南十锦"项目的实施，为沿线农民创业就业创造了优厚条件，有直接进入项目务工的，有创业就业的，有从事三产就业的，也有直接进入公司作为管理员的。项目建成以来涉及农民工用工1万余人，增加农民就业岗位200余个，新增创业岗位100余个，对农户增收起到了明显的带动效果。

高坡乡石门—扰绕是"溪南十锦"项目的重点区域。石门村在总体规划中定位为民俗艺术体验区，扰绕定位为田园生态休闲区。这一区域也集中了农业观光、特色村寨、暮曙暗夜公园、云顶草原、森林穿越探险、汽车营地等多种业态，成为花溪南部片区发展的重点支撑。

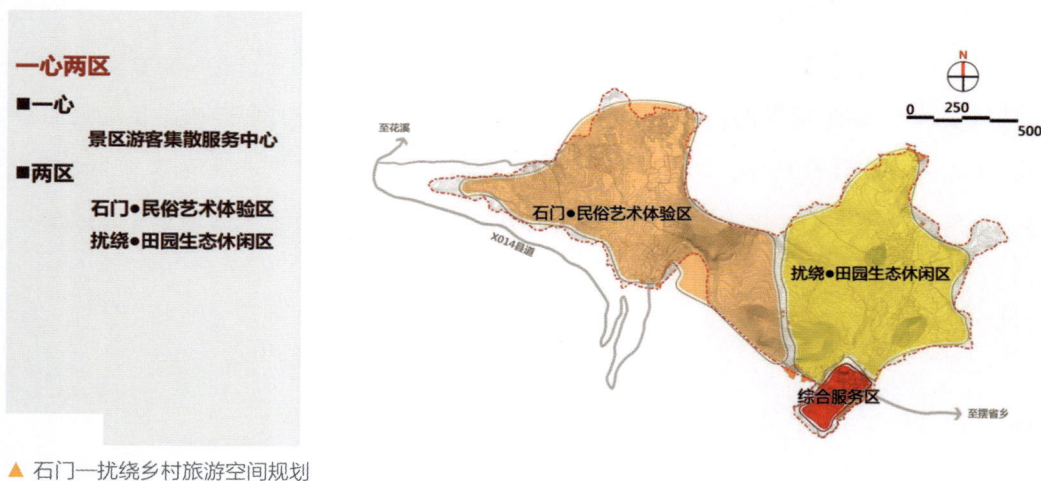

一心两区
- **一心**
  景区游客集散服务中心
- **两区**
  石门·民俗艺术体验区
  扰绕·田园生态休闲区

▲ 石门—扰绕乡村旅游空间规划

【案例2】 高坡乡扰绕村乡村旅游发展

1. 基本情况

扰绕村位于高坡乡西北部，距乡政府2.3千米，平均海拔1500米。村内2个自然寨、4个村民小组，共计121户378人，系布依族聚居村。全村党员11人，外出务工70人，留守儿童1人，留守老人11人，低收入户11户29人，残疾人13人，低保户9户，五保户1户。扰绕村为传统农业村，主要以水稻种植为主。主要劳动力以外出务工为主。

2. 发展条件

优势：位于红岩峡谷旁边，有步道通往峡谷，可作为红谷峡谷入口村；梯田景观好，在摄影圈有较高知名度，村内有古营盘、山塘、水井，峡谷边半山平台是观赏落日晚霞的绝佳位置；村口有村民开办的农家乐，发展乡村旅游有一定基础。

劣势：全村总面积 2.2 平方千米，耕地面积 0.47 平方千米，其中田 0.39 平方千米、土 0.07 平方千米、林地 2.13 平方千米。村内基础设施尚不齐全，没有排污收集处理系统，现村民用水为井水、自流水，没有稳定供水；村民以外出务工为主，土地丢荒严重，经济收入普遍较低。

3. 发展现状

基础设施方面：在实施完全村范围内的立面及庭院改造基础上完成安装供水管网，建设扰绕旅游停车场、民族文化广场、游客接待中心、旅游公厕、旅游步道、山体步道、半山观景摄影平台、延伸下山步道等基建工作。旅游接待方面：扰绕村以现有村民住房为基础，鼓励村民利用现有房屋经营餐饮、民宿、布依米酒作坊等项目来发展各类业态。目前，扰绕村分布 7 家农家乐、5 户便利店、1 家民宿、1 户苗族文化（刺绣）作坊、1 户特色竹艺坊馆、1 户苗乡酒坊。农家乐筹备中的有 3 家，每天可接待游客 1000 ～ 1500 人。

4. 发展措施

编制美丽乡村规划。按照景区的标准，对扰绕旅游景点、旅游线路、旅游业态进行合理布局，划定梯田景观控制区、旅游配套服务区、农业产业发展区，实现科学规划，合理开发。

完善基础设施建设。安装供水管网，接通苦蒿冲提水，建设扰绕旅游停车场、民族文化广场、游客接待中心、旅游公厕、旅游步道、山体步道、半山观景摄影平台、延伸下山步道等。

开展村庄环境整治。实施传统民居保护，开展房屋立面、庭院整治，建设排污收集处理系统，改造提升村寨串户路，增加村庄绿化等，打造美丽乡村。

加强文物点保护和开发。对扰绕古营盘进行保护性修复，对山体步道进行清理，增设讲解牌，对营盘历史进行介绍。

加强农业开发。支持"一草一木"中草药种植园在扰绕建设，为村民提供就地务工岗位，增加村民收入；严格控制保护好扰绕梯田景观，做到满插满种不丢荒，实行秋季油菜套种，打造春季油菜花景观；鼓励村民利用村寨外适宜土地开展绿壳蛋鸡、黑毛猪养殖。

加强旅游配套服务。招商引资，租用村民闲置老房建设民宿、茶室、咖啡厅、鼓励、帮助村民开办农家乐、乡村客栈；引导村民开展农产品手工加工、民族工艺品手工制作，提高扰绕旅游接待水平。

【案例3】 花溪区旅游富民的三种模式

花溪区 2017 年建档立卡贫困人口共 1090 户 2872 人。其中已脱贫 727 户 2270 人，脱贫户数、人数占比分别为 66.7% 和 79.0%；通过旅游项目实施、景区景点带动、乡村旅游发展、农业产业结构调整、美丽乡村建设、富美乡村建设等政策措施的不断落实和推进，到 2017 年年底，通过旅游带动贫困人口就业、务工、自营等脱贫 335 户 870 人，占贫困户数和人数的 30.7% 和 30.3%；通过政策、产业、包保等脱贫 392 户 1400 人，占贫困户数和人数的 36% 和 48.7%。

以"溪南十锦"项目为载体，总投资 6.2 亿元，带动青岩、黔陶、高坡三个乡镇，13 个村寨，2 万余人通过旅游开发实现就业，部分农民年收入达到 10 万元以上。全区 37 个村寨将乡村旅游作为主导产业，8000 多建档立卡低收入群众依靠乡村旅游实现脱贫致富，全区实现整体脱贫。

1.三变模式

"三变"模式：农村资源变资产、资金变股金、农民变股东。《花溪区全面推进农村资源变资产、资金变股金、农民变股东改革工作方案》中提出，要以农民为主体、企业为龙头、产业为平台、项目为载体、股权为纽带、共享为目标的原则，积极引导村集体和农户发展多种形式的股份合作，围绕"人、地、钱、经营主体、村级集体经济"这五个要素，激活农村自然资源、存量资产和人力资本，发展多种形式的"股份农民"和"股份市民"。

模式内容	农村资源变资产、资金变股金、农民变股东
带动村庄	青岩镇小摆托寨
扶贫成效	该项目实施后，预计年可产生收益200余万元，村委会持股收益20%，剩余80%收益由持股村民按股分红，经测算每股每年分红3000元左右，受益群众达1000余人

2. 领头羊引入模式

"领头羊引入"模式：以久安乡为先遣队，引入农旅产业化国家重点龙头企业——贵茶公司，引导1045户农户入股茶旅产业；以小摆脱寨作为"试验田"，引入江浙地区成熟的乡村民宿打造团队，每户通过房屋流转增加年收入2.4万元，通过土地增值、现金入股、劳动力投入等方式增加年收入2.5万元。久安"黑转绿"成为贵州省乡村旅游脱贫致富的典范，被中央电视台多次报道。

模式内容	引入农旅产业化国家重点龙头企业——贵茶公司，引导农户入股茶旅产业
带动村庄	久安乡新寨
扶贫成效	引导1045户农户入股茶旅产业，每户通过房屋流转增加年收入2.4万元，通过土地增值、现金入股、劳动力投入等方式增加年收入2.5万元

3. 村集体带头模式

"村集体带头"模式：龙井村发挥村集体带头作用，以租赁、入股、村集体统一经营管理闲置房屋等方式，直接带动农户就业至少50名，惠及农户每人年收入增加至2万元；在骑龙村党支部带头下，采用"当地国有公司＋村集体＋农户"模式，兑现土地、劳务等约400万元，受惠农户月均收入达3600元；山王庙村积极引入贵州果舍天香农旅发展有限公司，直接带动100余人就业，惠及每人年收入增加约2000元。

模式内容	带动村庄	扶贫成效
以租赁、入股、村集体统一经营管理闲置房屋等方式	龙井村	直接带动农户就业至少 50 名，惠及农户每人年收入增加至 2 万元
村集体带头，实行国有公司+村集体+农户模式	骑龙村	兑现土地、劳务等约 400 万元，受惠农户月均收入达 3600 元

第三节　完善利益机制　探索多种旅游合作模式

花溪区抓住全域旅游示范区创建这一重大发展机遇，推动全域旅游在推动产业融合、城乡融合方面的巨大带动作用。在具体的运作方式上，依托市场化的力量，探索景区、投资公司、运营公司、合作社、村民等多利益主体共同参与、共同开发、利益共享的旅游合作模式和利益分配机制。

一、重点依托花溪区旅文公司平台，形成多种合作模式

花溪旅游文化投资开发经营有限公司是 2009 年 8 月经花溪区委、区政府批准组建的区属国有公司。公司从事旅游文化投资开发、旅游商品开发生产销售、旅游基础设施建设等项目，主要经营管理青岩古镇景区、湿地公园景区及花溪公园。花溪区依托区级平台公司，在景区和村寨开发中，探索了多种合作模式。

（一）"景区 + 市级平台 + 区级平台 + 居民"模式

青岩古镇景区在创建国家 5A 级旅游景区过程中，花溪区充分发挥区级平台公司的作用，形成景区、市级平台、区级平台和居民的多方共赢。首先，充分利用区级平台公司资源，整合市级平台公司资金优势，引入市旅文投、市城发共融共建，充分发挥旅游企业、旅游产业优势，带动乡村振兴和地方经济发展。创新景区发展的投融资模式，突破资金瓶颈，既助推市级龙头企业的发展壮大和地方经济发展，又

减少区级债务。其次，引进市旅文投，由市、区两级平台公司作为合作主体，签订《合作协议》，共同组建公司，负责青岩古镇景区经营管理，市旅文投和区旅文公司每个经营年度按照协议约定进行收益分成，进一步创新景区管理体制机制，实现景区共建、收益分成、利益共享。再次，通过区级平台公司，加强对青岩古镇的设施完善和运营管理。在对青岩古镇完善必要的景区设施外，重点改善了古镇景区交通、厕所、给排水、景观绿化、立面改造、生态环境等基础设施，大大提升对周边的辐射带动作用。最后，景区巨大的客流和消费能力，带动周边村民直接和间接就业，脱贫致富注入新动力。随着景区业态丰富和产业链条延伸，景区由门票经济向产业经济转变，对周边民宿、客栈、餐饮、商品零售等的带动作用日益强大。

景区游客从 2014 年的 322.79 万人次增长至 2017 年的 736.74 万人次，旅游收入从 2014 年的 35067.76 万元增长至 2017 年的 97855.41 万元。从景区管理、餐饮、住宿、商品销售及相关配套方面，实际带动约 2500 人就业，其中 80% 为本地居民，约 1 万人直接或间接参与到旅游相关产业经营活动中。通过建立"景区 + 市级平台 + 区级平台 + 居民"的合作模式，整合资源、资金、技术和人才，同时还构建了景区、公司和居民的利益共享机制。

（二）"景区 + 区级平台 + 休闲农业 + 合作社 + 社会资本"模式

区旅文公司在实施高坡石门、大洪及扰绕生态农业项目过程中，结合区域实际情况，利用农业产业支持政策，将农村"三变"改革引入景区建设，创新建立了"景区 + 区级平台 + 休闲农业 + 合作社 + 社会资本"的合作模式。具体来说：一是兼顾农业生产结构调整和景区提升。在高坡大洪村及扰绕村旅游开发过程中，还面临着农业产业结构调整的目标任务，既要完成农业产业结构调整年度种植目标，确保达到森林覆盖率要求，又要让种植村民得到经济价值，获得收益。因此，对高坡石门村、大洪村、扰绕村实施生态农业项目建设，完善了景区道路、标识牌、露营基地、观景平台等公共基础设施，促进农房改造为特色民宿、特色农家乐、布依族民宿等，并和周边景区统一谋划、多点联动，形成整体化发展的态势。二是共享收益分红，解决农民就业。区平台公司采用"三变"方式让合作社和农户入股石门村、大洪村、扰绕村的生态农业项目，合作社和农户每年获得入股保底分红 550 元，第六年起为每亩 600 元。项目产生效益后，公司将项目利润的 15% 支付给合作社用于脱贫攻坚。同时，公司还积极为村民提供技术指导和支持。2018 年公司带领农户学习种植菊花、西兰花、黄花菜等经济作物，提升了农民技能。现已有 10 余人成为石门、大洪以及扰绕生态农业项目的长期种植管护人员，还有参与劳务输出的农户近 200 户 400 人，全年从石门、大洪、扰绕生态农业项目获得的劳务收入共计 196 万元，人均 0.49 万元。这种模式通过整合区级平台公司的资金、技术、人才及管理等优势资源，通过与合作社合作，引入社会资本合作等，集中整合区域内零散分布的农业资源、资金，有效发挥了区级平台公司的龙头带动作用，统筹推动区域的整体发展。

（三）"景区 + 平台公司 + 教育研学 + 合作社" 模式

花溪区利用区级平台公司，整合区内峡谷、森林、湖泊、星空、草原等优质度假资源，进行教育研学景区打造。通过与合作社合作，集中整合区域内分散的土地、资金等资源。例如，在半坡精灵乐园旅游资源开发中，利用现有的峡谷，结合亲子教育研学主题，打造以徒步、探险、科普为主题的乐园型景区。启动了道路、停车场、游客服务中心、公厕、基础照明、标识标牌等基础配套设施建设。有效带动农户经济收入增长。实现土地及森林资源收入为每年 10 万元，每年公司将景区门票收入总额的 5% 支付给村集体用于扶贫攻坚。又如，在云顶草场景区资源开发中，根据《云顶暮曙暗夜公园规划方案》，结合云顶景区独有的高原台地草场自然资源和天象胜景，规划建设停车场、入口景观区、商业配套区、民俗风情体验区、孤独体验区、草原生态修复区、露营区、星空体验区、峡谷观光区、酒店区，涵盖 15 个经营业态及旅游服务基础设施。重点实施草场生态恢复、道路修复，门头、停车场、厕所等基础配套设施建设。完善了帐篷露营、跑马场及部分餐饮配套等设施。平台公司每年向村集体支付 35 万元的保底收益分红，三年后每年的保底收益分红增加到 40 万元。同时，每年公司将景区门票收入总额的 10% 支付给村集体用于扶贫攻坚。通过合作模式及运营管理模式的创新，充分发挥了旅游企业的龙头带动作用，助推农旅融合发展、旅游扶贫和乡村振兴。

二、完善经营主体和利益机制，实施社区主导的旅游经营模式

在花溪区的一些重点村寨，通过建立村民参与的专业合作社、村集体公司，同时通过引入外来专业运营团队，构建起农户参与的经营主体，并形成利益分配机制，从而保证了在旅游开发中的社区利益。

【案例】 青岩镇山王庙村社区主导旅游经营模式创新

花溪区青岩镇山王庙村位于贵阳市花溪区青岩镇东部，西北部毗邻黔陶乡老榜河村，东部与贵惠高速相邻，一条长年清澈的老榜河穿流而过。全村总占地约1.2平方千米，总户数205户，总人口753人，其中布依族、苗族占50%，耕地约0.47平方千米。小摆脱是山王庙村的一个自然村寨，距离青岩古镇仅有3.7千米，区位优势明显，生态环境优美，森林覆盖率达80%以上，是花溪区溪南十锦旅游带上的一个重要节点。依托良好的资源和区位条件，山王庙村编制了《青黔高农村特色全域旅游核心带战略策划暨概念规划》《"溪南十锦"项目核心区修建性详细规划：山王庙——老榜河项目点》《"溪南十锦"青黔高美丽乡村精品线详细设计》《青岩镇山王庙村小摆托寨人居环境提升规划方案》等，对村寨进行整体开发。在开发过程中，山王庙村组建了合作社，引入公司化运作，探索了以社区为主导的经营模式，主要来说做了两个方面的探索：

1.构建农户参与的经营主体。一是山王庙村搭建了山王庙旅游服务专业合作社，吸纳山王庙村全村村民成为合作社社员，参与利益分红。二是成立山王庙村集体独资的村集体公司。山王庙村集体公司通过整合全村自然资源、闲置资产等旅游开发资源，由村委会通过民主方式将村集体可经营资产委托村集体公司管理，并用于参与山王庙小摆托旅游运营项目中，发挥村集体经济组织对山王庙村民发展乡村旅游的带动作用。三是成立以"农民专业合作社＋村集体公司＋镇级平台公司"合作的山王庙资产管理公司。资产管理公司将自身现有资料进行充分整合，以最大限度地发挥各种价值。政府层面平台公司的介入，可以对财政性资金投入建设形成的基础设施等进行管理，同时入股资产管理公司，确保资产不流失；村集体层面，通过流转农民土地、

闲置宅基地等，不仅可以进一步巩固此类资源的集体属性，更重要的是将此类闲置资源进行有效盘活，参与发展产业壮大村集体经济；对于村民，通过土地和宅基地等的流转，确保保底收入的同时，还能以现金方式入股合作社，把闲置资金变成"股金"参与到村寨的发展中。

2. 建立了利益分配的"倒挂"和"保底"机制。一是建立小摆托旅游运营公司分配原则"倒挂"机制。"山王庙资产管理公司＋专业运营团队"合作的小摆托旅游运营公司按照公司章程约定建立"利益分配倒挂机制"：山王庙资产管理公司资金入股30%，享有小摆托旅游运营公司收益的70%利润分红；专业运营团队资金入股70%，享有小摆托旅游运营公司收益的30%利润分红。二是建立山王庙资产管理公司利益分配"保底"机制。镇政府下属公司现金出资占股70%，作为山王庙资产管理公司控股股东，充分发挥政府主导作用，强化"三变"项目的政策引导。山王庙村集体公司以现金出资方式占股15%，按照山王庙资产管理公司章程约定比例利润分红。同时为确保农民利益不受损失，运营公司承担合作社社员享有前三年保底分红，约定保证入社农户每年分得每股5%的分红红利，此后每年的分红按照项目取得的实际利润计算分配，不再享有保底分红。

▲ 山王庙村风景

　　山王庙村对旅游经营模式的探索，成效显著。村内基础设施得到很大改善，道路交通改善，污水处理、旅游公厕、停车场、旅游长廊、文化广场、路灯等基本完善。在此基础上，还建设了布依族文化生态展示馆、百姓讲堂、村寨手工作坊等。小摆托村实施21栋精品布依族民居改造，庭院提升40户，农村人居环境得到大幅提升。在经营模式探索的过程中，正在形成三个转变：首先，土地资源向市场资本的转变。山王庙资产管理公司对整体流转的土地、闲置的农房、宅基地进行打理，为规模化、节约化、集约化、现代化种植提供了用地保障。山王庙小摆托土地流转、房屋流转年收入就超过40余万元，每年能解决30名村民就近入企务工，每月平均预计挣2000元。其次，实现了单一收入向多元收入转变。农户通过土地增值收入、现金入股收入、劳动力工资报酬收入，大大提升了收入水平。另外，通过社会资本投向农村农业，对传统的种植结构进行优化调整，并探索手工加工、休闲农业等衍生业态，推动了农业现代化水平。最后，实现农民向多种身份新型经营主体的转变。通过这种模式，农民变股东，农民变创业者、旅游从业者等。

第四节　推动景城融合　实现全域旅游化发展

　　花溪区在深化体制机制改革中紧紧围绕区位优势，立足资源禀赋，借全域旅游示范区创建的契机，将全域旅游与小城镇建设融合发展，推进新型城镇化建设，探索了"旅游＋特色小城镇"的改革创新模式。通过对重点景区的保护与开发并重，完善城镇配套，带领乡村人口脱贫致富，以旅游化的发展方式，促进产城融合、景城融合，实现了恒大文旅小镇、青岩古镇、镇山、龙井、山王庙等特色村镇，显示出良好的社会效益、生态效益和经济效益。

一、重点景区，提升基础设施和人居环境

　　花溪区青岩古镇是国家级特色小镇，在创建全域旅游示范区的过程中，青岩古镇通过推动"四个转型"，即生态环境的升级转型、文化产业的升级转型、旅游产业的

升级转型和城市功能的升级转型，探索了全域旅游推动城镇化的新模式。具体来说：首先，突出产城融合。青岩古镇以旅游业为主导产业，突出产、城、景融合发展。引进了一批文化体验、避暑养生、休闲度假等多样化的业态，这些文化旅游项目的实施，使得青岩古镇以休闲度假为核心的文、体、卫、商、旅综合体初步形成，产业发展势头强劲。其次，推动交通和基础设施建设。构建青岩镇路网，形成了青岩古镇连接省内外高速公路、辐射全省的交通新格局，开辟了青岩古镇景区从 0.8 平方千米扩建到 4.8 平方千米的内部旅游线路。再次，完善旅游配套，提升人居环境。青岩古镇通过新建停车场、游客服务中心、旅游公厕、全面实施智慧旅游设施和系统建设，提升了旅游和居住的便利化水平。通过建设青岩古镇污水处理厂、实施给水系统和清洁能源项目、推动亮化工程，促进了景城融合、人居环境的提升。最后，品牌提升。青岩古镇利用举办 2015 年国际马拉松赛、"花溪之夏"艺术节等一系列活动，提升了古镇品牌。通过综合提升，青岩古镇实现了从单一观光古镇到特色旅游小镇的转变，实现了从单一景点到全域旅游综合带动示范区的转变。

此外，花溪区通过引进重大文旅项目，并对其建设内容和旅游提升、带动城镇化发展方面做出要求，从而大大推动了城镇化的进程。以恒大文旅小镇项目为例，花溪区通过招商引资，引进恒大集团投资文旅小镇，使得花溪旅游品牌及旅游类型多元发展。花溪区在建设用地指标、加大旅游用地供给方面做了很多有益的探索，但同时也对建设内容做了旅游项目和配套设施布局的强制性要求。以恒大文化旅游城为代表的多个城市综合开发项目，都设置了多项主题文旅项目和旅游配套设施等，有效丰富了全域旅游供给体系，形成了"旅游 + 城镇化"的良性循环发展模式。

二、增收致富，缩小城乡收入差距

旅游业是吸纳农村剩余劳动力，实现劳动力就地转移、劳动力技能和素质提升、农民收入提升和身份转变的重要途径。花溪区通过全域旅游重点项目带动低收入群体增收致富，十里河滩湿地公园、青岩古镇、天河潭、恒大文化旅游城、高坡国际暮曙暗夜公园等，每年直接带动 3000 名低收入群体实现增收致富，间接带动 5 ~ 10 个村壮大集体经济，间接带动就业 5000 人以上。通过鼓励和支持农民参与旅游就业创业、入股分红增加收入，带动三个乡镇 437 户贫困户脱贫致富。通过城镇建设和产业发展良性互动，最终达到共同富裕。

【案例】 久安乡"黑转绿"旅游富民案例

花溪区久安乡是著名的煤乡，鼎盛期全乡共有大大小小的煤矿400多个，全乡2/3的劳动力都干着挖煤的活儿，整个山都几乎被挖空了，道路大多被车辆压坏，四处尘土飞扬，群众增收致富困难，2010年该乡贫困发生率达23%，农民人均收入不足7500元，是全区经济发展最滞后的乡镇之一。而如今该乡山林绵延，郁郁葱葱，一片青山绿水，全乡茶园面积达13.3平方千米，保存古茶树5.4万株，是中国高原古茶树之乡、贵州省十大最美茶乡、贵州省十大茶旅目的地，全乡近1/4人口参与茶产业，2017年农民可支配收入达1.5万元，贫困发生率0.7%。2018年7月6日，久安乡被央视《焦点访谈》点赞。

十年之间，通过全域旅游示范区建设工作的推进，久安乡重点实现了产业转型、生态修复、设施完善和文化挖掘，实现了巨大的转变。创新举措具体来说：

1. 产业转型实现农民增收

煤矿关停刹住了久安乡的"黑色经济"道路，也开启了久安乡绿色经济的转型探索。久安乡先后种过油桐、花椒和棚瓜，但是都失败了，直到选择了茶产业，才走上了脱贫富民之路。久安乡拥有5.4万株古茶树，树龄最长的"茶王"有2000多年历史，在大力推动产业建设前，久安茶叶在贵阳市场已经小有名气。久安乡看准优势，选准了茶旅产业路径，大力引进茶叶企业，不断完善产业配套，推动茶产业走上了种植规模化、生产标准化、经营产业化。截至目前，久安全乡茶叶种植面积达13.3平方千米，年产茶2000吨以上，引进了以国家级龙头企业——贵茶公司为代表的十余家茶企业，培育"绿宝石""红宝石"等国内知名品牌，形成了以九龙山为代表的一批精品茶园，建成了古茶园、九龙山万亩茶园基地、新寨美丽乡村、茫父艺术中心、茶展厅等景区景点，还启动了4平方千米樱花等观赏花木种植，融品古茶、观樱花、游茶园、摘鲜果、赏文化、体民情、住民宿、寻乡愁为一体的都市近郊茶旅文化示范区初步成型。2018年久安乡到访游客4万人次，连续3年保持40%以上增速，餐饮、民宿等产业蓬勃发展，成为群众致富新渠道。

有了产业基础，久安乡又在利益联结上下功夫，探索推动农村"三变"改革，推动资源变资产、资金变股金、农民变股东，进一步拓宽了群众增收来源，当地群众售茶得收入、务工得工资、入股得分红，日子越过越红火。截至目前，全乡入股农户1045户（其中入股贫困户22户，占全乡贫困户的22.2%），预计2018年年底可实现分红360万元以上。全乡1600余户3700多人参与茶产业，带动人均增收2000元以上，采茶期村民最高收入可达300元/天。

2. 环境保护促进生态修复

生态修复是久安乡发展茶旅产业、推动扶贫富民的重头戏，围绕山水林田湖生态开展了系统修复。加强采矿区山体修复和复绿工作，全乡400余处矿井开采区完成复绿，完成绿化造林4.3平方千米，全乡林地发展到23平方千米，绿色基因得到有效修复。加强水生态保护，全乡90%国土面积列入水源地保护范围，25套单体式污水处理系统日处理生活污水150吨，推动全乡基本实现生产生活污水零排放。加强大气环境保护，强化教育宣传和巡查监管，禁止垃圾焚烧、秸秆焚烧等破坏大气陋俗，群众的环保意识不断增强。加强农业面源污染防治，在水源保护区全面实施绿色防控技

▲ 久安乡茶园

术，稳步推广有机肥替代化肥，农药化肥连年零增长，守护了田园生态。几年来，久安乡生态修复取得了显著成绩，全乡森林覆盖率提升到 52.6%，空气优良天数提升到 350 天 / 年，多数景点负氧离子达每立方厘米 2 万个以上，碧水蓝天成为久安乡环境新常态。

3. 完善设施强化基础配套

基础设施是产业发展保障，也一度是久安乡发展短板。近年来，久安乡围绕茶旅产业需求，大力强化交通、供水、通信、文化、人居环境基础设施，不断增强基础配套对产业的支撑和承载能力。全乡建成乡村道路 200 千米，行政村 100% 通硬化路或油路，其中 20 千米道路按照旅游公路的标准完善了旅游标识标牌。推动移动网络服务便捷化，2016 年实现全乡 4G 网络全覆盖。强化乡村供水能力，实施了 16.5 千米集镇供水管网，泵站水池和农灌管网沟渠等一批供水项目建设，全乡 50% 村寨实现了集中统一供水。强化文化广场、观光亭等配套建设，全乡建成景观亭 27 个、文化广场 6 个，茶旅景区沿线村寨基本完成立面改造。优化人居环境，全乡配备村环卫员 26 个，配备保洁车 5 辆、垃圾斗 76 个、可携式垃圾箱 80 个，村寨保洁常态化，实现了垃圾的统一收处。基础设施完善推动了久安乡村旅游连点成面、全面发展，夯实了群众增收致富基础。

4. 文化挖掘传承乡土基因

文化是乡土基因的血脉传承。久安乡深入挖掘大力弘扬传统，让群众在脱贫致富中感受浓浓乡愁。弘扬"茫父"文化。茫父是花溪久安人，清末进士，曾任北京女子师范学校和京华美术专科学校校长，是著名的书画家、诗人、词曲家、戏曲理论家、教育家等。为挖掘茫父文化，久安乡修建了茫父艺术展示中心、茫父文化广场、茫父书院、天圆地方民族民俗活动广场等，并每年开展"茫父"诞辰系列活动，宣扬"茫父文化"，弘扬"茫父精神"。同时，把弘扬"茫父精神"与扶贫攻坚工作有机结合，实现扶贫先扶志。挖掘古茶文化。古茶文化是久安茶产业发展的特色，被农业部评为"中国重要农业文化遗产"。该乡积极开展泡茶、说茶等培训和书画比赛，营造"书香茶韵"氛围，不断提升茶产品附加值。挖掘少数民族文化。积极开展苗族跳花场等少数民族活动，积极编写乡土教材，深入开展文化"五进"活动，不断增强乡村发展的文化底蕴，不断增强文化自信，激发乡村文化活力。

▲ 久安茶园

久安乡的华丽蜕变，实现了产业从"地下挖煤"转向"地上种茶"，经济由"黑色经济"转为"绿色经济"，发展从"产煤乡"转为"产茶乡"，走出了一条旅游扶贫富民的转型发展新路径，美了生态，富了百姓，成为贵州省创建百姓富生态美的多彩贵州新未来的先行标兵，为全国各地践行"两山"理念提供了参考样本。

三、景城融合，推动全域旅游化发展

（一）探索城市旅游化

花溪区通过在城市内部增加旅游产品和服务的供给，提升城市全域的休闲旅游水平。一是围绕国家 4A 级旅游景区花溪国家城市湿地公园，形成了贵阳市市民和外地游客共享的休闲娱乐空间。二是通过修建多个城市公园、郊野公园、公共绿地、绿道等，构建了城市公共绿地系统，并形成了多处景观小品，人均绿地面积、森林覆盖率在全国都位居前列，花溪区更是形成了溪水鲜花相伴的品牌形象，成为名副其实的公园城市。三是通过提升基本公共设施和公共服务，提升城市生活和旅游品质。提升厕所、停车场等全域旅游基础设施，提升吃、住、行、游、购、娱等旅游要素，建设万宜广场、荟溪城商贸综合体、青禾美食城休闲夜市，打造贵阳故事街、多彩贵州街等特色餐饮街区，布局一批花溪风物特色旅游商品店，完善旅游要素，在满足多样化旅游消费需求的同时，推动了城市的美化和宜居水平的提升。

（二）探索主要城镇和重点乡村旅游化发展

花溪区坚持绿色发展、生态发展的理念，将生态优势转化为发展优势，打造生态优化、全域美化、主客共享的特色城镇、富美乡村。以黔陶乡、高坡乡石门村、青岩镇新哨村为试点，探索整乡整村规划重建新模式，建设黔陶健康休闲小镇、高坡山地旅游大本营，重点实施半坡精灵乐园、子牙香辛小镇、高坡石门扰绕梯田、国际暮曙暗夜公园等景区景点和主题功能区项目。对山王庙村、龙井村沿线进行民居风貌改造，对公共基础设施进行改造，对乡村旅游标识标牌进行完善，使得公共基础设施和乡村旅游配套设施不断完善。目前，已建成具有旅游服务功能、类型多样的旅游村10个，打造以旅游为主导功能的特色小镇3个，建成历史文化街区、主题旅游功能区3个。这些项目的建设和配套设施的完善，推动了主要城镇的功能完善，提升了乡村地区的人居环境，建立了城乡共享生活空间。

第八章 『花溪模式』之科技与服务创新

以互联网、大数据、云计算、人工智能为主要特征的新一代信息技术，大大提升了旅游业的服务品质。回顾旅游业的发展历史，每一次技术革命都带来了旅游业飞速的发展。在全域旅游发展理念下，无论是公共服务还是个性化服务领域，都更为迫切地需要融合大数据等技术手段提升服务的品质和效率。花溪区立足贵阳市大数据产业发展的优势，积极推进大数据同旅游的深度融合，在智慧旅游、公共服务体系构建、旅游营销方面，都有很多的创新举措。

第一节　深化"大数据＋旅游"融合　强化智慧管理和服务

2017年8月，贵阳市出台《贵阳市大数据旅游三年行动计划（2017—2019）》（以下简称《行动计划》），提出建立"一中心、一视窗、一网络、三体系"的大数据旅游综合服务体系。设立贵阳旅游大数据中心；整合数据，构建面向游客、企业、政府部门的标准化服务视窗；完善涉旅数据采集通道，加强景区物联网基础设施，构建涉旅数据传输网络；三体系是指完善旅游应急监管和传输体系，旅游行政管理体系，旅游综合数据的"聚通用"体系。以《行动计划》为指导，花溪区推动大数据与全域旅游的深度融合，充分运用大数据技术提升旅游管理和旅游服务水平，并致力于把"大数据 + 旅游产业"培育成为最具活力的经济增长极。2016 年 12 月，花溪区政府推出《花溪促进"大数据 + 旅游"产业发展优惠政策十条》，支持大数据企业入驻花溪区，促进全域旅游智慧化发展。2019 年，花溪区与 10 家大数据企业签约，签约投资金额 25.83 亿元。在智慧旅游领域，花溪区已经构建起了全域旅游智慧监测平台、管理平台和服务体系。

一、顶层设计，构建全域旅游智慧服务体系

2017 年，花溪区制定了《关于大力推进花溪区全域旅游智慧设施建设的实施方案》，提出了具体的建设目标。花溪区在创建全域旅游示范区的过程中，着力打造智慧旅游体系。花溪区通过重点构建两个中心、三个体系以及多个平台，搭建了全域智慧旅游的基本架构。

两个中心是指花溪区全域旅游数据中心、花溪全域旅游综合执法调度指挥中心。花溪区全域旅游数据中心是花溪旅管委下属正科级事业单位，主要负责旅游大数据统计和智慧旅游建设等；花溪全域旅游综合执法调度指挥中心是花溪旅管委下设由分管副县级领导任主任的旅游综合执法统筹机构，主要负责统筹处理全区旅游投诉，保障花溪区旅游市场秩序平稳、有序、安全。

三个体系是指智慧旅游管理体系、智慧旅游服务体系、智慧旅游营销体系。花溪区利用云计算、物联网等新技术，不断完善智慧旅游管理、服务、营销三个体系，提升花溪全域智慧旅游水平。

多个平台包括多个数据采集、管理和应用平台。包括花溪全域旅游数据展示平台、智慧旅游运行监管和应急指挥平台、旅游舆情监控平台、旅游投诉和管理平台、旅游公交巴士管理平台、全域旅游 DT 云平台、全域智慧旅游导览、"云警花溪"服务平台、全域旅游网站等多个平台。

二、管理创新，构建运行监管和应急指挥平台

借助贵阳大数据产业发展优势，按照《贵阳市大数据旅游三年行动计划》，花溪区打通公安、交通、气象、生态等多个部门的大数据，构建智慧旅游运行监管和应急

指挥平台、舆情监管平台、投诉管理平台等，创新旅游行业管理手段，开拓大数据旅游创新产业发展空间，为全域旅游的高质量发展提供了保障。一是数据共享。通过共享公安住宿系统、环城高速匝道系统、交通局智慧交通管理系统、气象局气象系统等数据，综合展示和实时监控花溪区旅游情况。二是实时监管和应急指挥。花溪区着力打造了智慧旅游运行监管和应急指挥平台。该平台于 2016 年 5 月启动建设，2017年年底正式投入使用，充分运用现代高新技术，及时有效地整合花溪区旅游信息数据，依托大数据对花溪全域进行监管、预测、预警，为花溪旅游日常管理、辅助决策提供服务，并实现与市级平台的有效对接，实现了"市—区—景区"三级联动。通过该平台，能够看到景区游客的客流、车流动态，为景区日常监管起到强有力的支撑作用，实现景区范围的智能化的管理，是融交通、气象、治安、客流信息等为一体的综合信息服务平台。三是实施舆情监控。舆情对旅游目的地发展影响巨大，特别是在全域旅游示范区创建中，重大负面舆情更是一票否决事项。花溪区通过大数据平台建设，实现了对互联网舆情的实时监测。实现对互联网上与花溪区旅游相关热点事件的预警及公共网络行为分析工作，自动采集与花溪区旅游相关的舆情、热点事件的评论及信息。在监测中，及时发现花溪区旅游的舆情信息，24 小时无间断监测，监测时差在 10 分钟内，第一时间监测到网络舆情信息；准确发现热点舆情，自动研判舆情，生成专题，掌握舆情发展趋势，为领导决策提供数据支撑。四是投诉管理。通过花溪全域旅游咨询投诉处理系统平台建设，花溪区实现了及时有效处理涉旅投诉。该系统

▲ 天河潭监控中心

将全域旅游综合执法调度指挥中心5家常驻单位和22家联席单位及乡（镇）、社区旅游咨询及投诉处理纳入统一管理，完成市级平台、网络平台、投诉电话等多渠道融合咨询，以及"投诉接入—派单—处理—反馈—存档"全流程系统运行，实现了旅游投诉"秒接秒处、当天告知处理进程、三个工作日限时办结普通投诉"的高效运转。

三、服务创新，提供多平台支撑的智慧化公共服务

为了提升花溪区内智慧公共服务水平，花溪区公安、交通、气象部门都建立了各自的App和公众号网络平台，及时发布信息，实时提供服务，进一步强化了各类公共服务的智慧化水平。

一是综合服务。花溪区全域旅游DT云平台是"大数据＋旅游"公共服务平台，只需要关注"花溪旅游"的公众号，登录"旅游DT云平台"，游客便能深入了解花溪区各景区、景点的旅游信息，是一个集餐饮住宿预订、旅游咨询、个性定制等于一身的线上交流平台。通过该平台，全区旅游产业链上的各个部门、各类要素企业可以同步构建和管理各自的官方互联网应用平台，助推全行业、全要素、全区域同步实现信息化、智慧化，从根本上解决当前旅游网络营销普遍存在的"孤岛化""碎片化"的问题。同时，通过该平台，涉旅企业可根据自身行业特点，开展不同的营销活动，发布营销信息，从旅游产品包装与整体上线到全维度整合营销，对全行业运行数据的挖掘与应用，通过构建起"联结政、企、人""打通上、下游""旅游服务产业链"的全域生态，形成全程服务的完整闭环，为用户在花溪区旅行中遇到的所有问题提供一站式解决方案。

二是导览服务。全域智慧旅游导览平台将传统的旅游地图与互联网技术相结合，让游客不仅可以看到地图本身所展示的基本内容，还可通过点击页面获取兴趣点的即时信息与在线服务。通过"地图"这种游客熟悉的旅游宣传品，引导游客使用智慧旅游服务，降低游客对于高新技术的使用门槛；同时，通过"互联网＋地图"的方式，扩大传统地图的信息容量和服务功能，特别是在"旅游＋"方面，融入了花溪文化、历史、民俗、人物等内容，提供了花溪经典的、特色的、主题的旅游线路，优化游客个性化体验，创新和提升宣传营销方式，游客从平台对本地各旅游吸引物产生兴趣，进而产生消费。

三是安全服务。"云警花溪"服务平台是由区公安分局建设，通过"区块链"技

术锻造警务"快速反应部队"。区公安分局创新运用大数据"区块链"技术构建五大警务数据模块,建成"云警花溪"警务服务平台,本地市民和游客可以通过"云警花溪"App 图文、语音以及视频报警,报警最短响应时间从 90 秒缩短至 5 秒,警员通过"警员端"模块"快出击",实现就近最快出警,进一步提升警务部门接处警、服务水平,让游客感觉警察时刻在身边,最大限度保障了游客人身安全。

四是交通服务。智慧交通管理系统由区交通部门建设,平台已接入 31 条农村客运班线,5 条旅游专线,510 辆客运运营车辆,对车辆超员、超速、疲劳驾驶、违规驻点经营、不良驾驶行为、违规代驾、违规停靠等各类违规行为进行全面、实时的智能管控,为游客营造便捷、高效、安全的出行环境。

五是智能化全域旅游气象服务。随着新媒体技术的发展,微信公众号已成为越来越多社会公众获取信息的主要平台,基于这一发展趋势研判,花溪区气象局高度重视微信公众号平台的气象服务功能,并建立了"花溪气象"微信公众号服务社会公众。其中,"花溪气象"微信公众号的"附近实况"子功能基于社会公众手机的定位服务功能,根据其所在地理位置,智能查询距离其最近的自动气象站实况数据,并实时反馈最新旅游气象服务信息。

四、设施和服务更新,提高旅游场所智慧化水平

花溪区在主要旅游景点推进物联网、人机互动、智能停车场等智慧旅游设施设备,推进旅游场所的智慧化建设。在车站、宾馆饭店、景区景点、旅游购物店、乡村旅游点、绿道驿站等区域实现了无线网络、3G/4G 等基础设施建设。不断扩大数据采集范围,提供 PC、平板、触控屏幕等旅游信息的互动终端。

通过花溪全域旅游网站建设,将花溪全域旅游信息数据资源库的各类旅游资源、产品和服务信息发布到花溪全域旅游网站、移动互联网、微信公众号等平台上,实现目的地与游客间的信息互通和对称,提升旅游者在花溪区的旅游体验,全面提升信息化、智能化服务水平。

在游客集中区域实现了 Wi-Fi 网络、通信信号、视频监控全覆盖。在青岩古镇、天河潭等核心景区实现智能导游、电子讲解、实时信息推送、在线预订、网上支付等服务。通过门禁、票务、视频监控系统和智能停车场建设,实现对景区的智能化管理。

▲ 花溪智慧旅游运行监管及应急指挥平台

通过手机客户端、网站、微信等网络信息平台，向游客提供更多资讯服务。实现点对点精准营销，吸引游客自觉延长到各景区的旅行时间，推动花溪区深度游。打造集孔学堂、十里河滩、花溪公园、青岩古镇、黔陶、高坡于一线的现代生态城市智慧旅游带。

表 8-1　花溪全域旅游数据中心

　　2016年年底，花溪区成立了花溪区全域旅游数据中心，是贵阳市花溪文化旅游创新区管委会所属的正科级事业单位。主要任务就是为全域旅游提供数据支持，对全域数据进行统计分析和测算。数据中心在旅管委一楼建立了全域旅游监测指挥平台和大数据展示中心。监测指挥平台具有行业监管、产业数据统计分析、应急指挥执法平台、视频监控、旅游项目管理和营销系统等功能。对花溪区旅游数据进行监管、预测、预警。

第二节　创新公共服务　全面提升全域旅游服务水平

　　花溪区在推进全域旅游示范区创建的过程中，针对区内公共服务的短板，进行了重点提升，完善了公共服务体系。健全了交通体系，初步建立起"快进慢游"的全域旅游交通网络。同时，积极建设花溪旅游集散中心，建立多个游客咨询服务中心，提升信息咨询、展示、预订、集散等功能，提升改造各类公路服务区，在主要景区建立停车场，结合高速路服务区，推动了"服务区+汽车营地"的建设，构建了花溪全域旅游的枢纽和多个节点，使游客能够"进得来、游得开"。

此外，针对旅游中的环境脏乱、路标引导性差、交通堵塞、停车难、厕所少等问题，花溪区还有针对性地进行了环境卫生整治、增加标识标牌、扩大修建停车场、新建和改造厕所等，这些做法大大提升了花溪区公共服务的水平和效率，建立起了综合化的旅游服务功能。

一、旅游咨询和引导服务创新

（一）旅游咨询服务

旅游信息服务是全域旅游公共服务的重要内容，按照国家全域旅游示范区创建的标准和要求，花溪区在贵阳龙洞堡机场、毗邻花溪的贵阳高铁北站以及花溪辖区内的花溪客运车站等重要旅游集散中心位置，设置了为游客提供信息咨询、宣传展示、旅游投诉、旅游预订等综合信息服务的咨询服务中心。此外，还在青岩古镇、湿地公园、天河潭景区以及各个乡村旅游点、城市商业街区等游客密集的场所设置了游客服务点，主要为游客提供旅游咨询、投诉、便民服务、科普教育等服务。例如在花溪公园和十里河滩景区共设置了4个咨询服务点。在青岩古镇南、北门入口接待中心设置咨询处，可以提供婴儿椅、轮椅、雨伞租用，提供自助售票、行李寄存等服务。

表 8-2　旅游咨询服务中心

名称	地址	管理单位
贵阳龙洞堡机场咨询服务中心	贵阳龙洞堡机场	花溪客运车站
贵阳高铁北站咨询服务中心	贵阳高铁北站	贵阳高铁北站
花溪客运车站咨询服务中心	花溪客运车站	花溪车站

（二）旅游导引服务

花溪区在旅游集散中心显要位置、重要通景旅游公路入口、核心旅游吸引物入口处、核心城市休闲商业街区等重要场所，设置了全域全景图，共计28块（交通客运枢纽处3块、高速公路入口5块、旅游景区集中点17块、商业街区3块）。

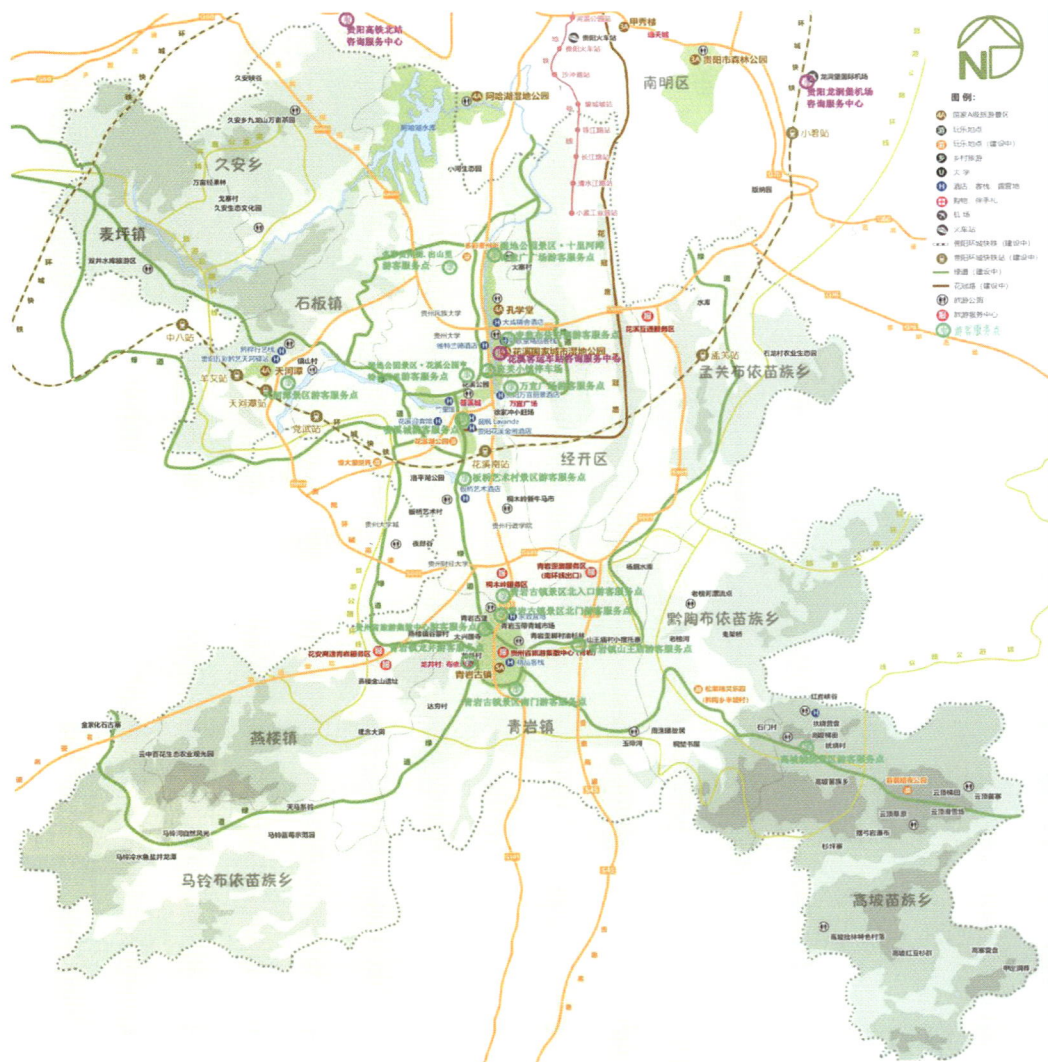

▲ 旅游咨询点分布

在各旅游景区、乡村旅游点、交通枢纽、城市商业街区等游客集中场所建立了使用规范、布局合理、指向清晰、内容完整的旅游导引标识体系。例如，青岩古镇景区公共信息图形符号等。

二、"厕所革命"创新举措

花溪区积极实施"厕所革命"，提升旅游基础设施和服务，积极推进旅游环境卫生整治工作。花溪区在创建全国全域旅游示范区过程中，新建和改造厕所200余座，实现"厕所革命"全覆盖。目前已有主要涉旅厕所120余座，达到游客集中场所步行10分钟和旅游公路沿线车行30分钟设置旅游厕所和市政厕所的标准和要求。主要做了以下工作：

（一）整体提升，重点建设

花溪区按照全域文化旅游创新区的建设需求和旅游公厕建设的整体规划，2018年，对辖区市场化范围内公厕数量、等级、服务范围、服务标准等进行了详细调研。厕所的升级改造主要以提升厕所的便利性和实用性为主，缓解居民及游客如厕难、如厕脏的问题。对厕所的蹲位比例、设施、墙面、环境卫生等进行了全面提升。此外，花溪区还集中人力物力，重点建设了新概念厕所。例如，在亨特公园里（花溪广场）建成一座集Wi-Fi、缴费设备、ATM机、便捷充电等服务设施于一身的新概念公厕，该公厕面积129.8平方米，总投资约135万元。公厕内增设环卫工人休息室，配备床、办公桌、饮水器等工作、生活设施，改善环卫工人的工作环境。推动花溪区公厕数量及质量发展迈上新台阶。

（二）注重日常维护

花溪区既注重抓硬件建设又注重抓软件服务和配套，日常管理和维护才是厕所革命的要义所在。花溪区主要采取了以下创新举措：一是进一步提高公厕内外卫生保洁工作。主要公厕配置管理人员，12小时或18小时负责内外的卫生保洁工作，保障公厕外干净整洁。二是进一步完善公厕内部管理制度。规范完善公厕人性化、无障碍设施标识、标牌，设置监督电话，要求公厕管理者必须增强社会责任感，接受社会和市民的监督。三是进一步引导市民自觉按照公厕规章加强自我约束，爱护厕内公共设施和公共卫生。花溪区制定了《花溪区全域旅游厕所管理考核办法》，对厕所的日常管理和维护做了制度化的安排，并制定了包括管理、周边环境、通风、洗手台、厕位、地板等多个细项的详细打分表等。通过这些做法，"厕所革命"得到了广大游客和市民群众的高度认可和点赞，对厕所服务的满意度大幅提升，同时也带动了对花溪区整个旅游行业满意度的提升，增强了居民幸福感。

（三）积极开展宣传引导，提升文明意识

积极开展"文明如厕·从我做起"主题宣传活动，充分利用传统媒体、新媒体，借助各类宣传载体，加强对"厕所革命"和"文明如厕·从我做起"主题宣传活动的典型经验和做法的宣传推广，广泛宣传厕所文明相关知识，加强公厕保洁人员培训，提升保洁水平和职业素养。设计了一批厕所文化宣传图，在城镇公厕、旅游厕所、交通干线、医疗机构、学校、超市、商场等公厕内进行悬挂。通过宣传教育，提升文明意识。

（四）加大力度弥补农村地区厕所短板问题

截至 2018 年上半年，花溪区农村卫生厕所户数共 6.958 万户，农村卫生厕所普及率达 95.1%，达到国家标准。第一，农村改厕移风易俗。在农户改厕初期，区爱卫办编印改厕教材进行广泛培训，对全区各乡（镇）分管领导、改厕技术员、村管所工作人员进行培训，同时采取印发宣传资料、电视台播放、健康讲座等方式，广泛宣传。第二，督导实施。针对出现的问题，结合实际情况及时进行现场指导，同时要求改厕项目乡（镇）每月上报 1 次进度情况。第三，改厕方式因地制宜。在经费使用上，将改厕经费下拨到乡镇，不足部分乡镇多种渠道自筹。

三、旅游环境卫生整治

为进一步推进花溪国家全域旅游先行示范区建设工作，花溪成立区城管局全域旅游执法特勤中队，对市容秩序进行综合整治。

首先，在市区开展市容秩序综合整治。加强对主次干道的整治，开展了城区噪声专项整治和夜市油烟专项整治工作等。第一，对主次干道占道整治。杜绝城区禁行范围内"三车"违法占道停放、违法在城市人行道路行驶等现象。为整治城市道路机动车占用人行道违法停车，严禁各类机动车辆、电动车、摩托车乱停乱放。对有驾驶员在场的车辆引导至附近停车区域有序停放。整治过程以宣传教育为主，以行政处罚为辅。第二，城市街区噪声专项整治。加大对店面延伸占道经营噪声、流动摊点经营噪

声等破坏环境的噪声污染行为的整治力度，明确片区管理对象、管理标准和责任人。对发现的高音喇叭揽客现象进行现场劝阻，对各路段每天巡查，重点整治城区主次干道、校园周边等公共场所商家促销，流动商贩使用音响设备，街头烧烤及早、夜市市场经营叫卖等噪声扰民的违法行为。为居民和游客提供安静祥和的居住和游览环境。第三，夜市油烟专项整治。以改善市容环境和空气质量为目标，全面治理占道经营、燃煤炉灶、夜市露天烧烤摊点产生的油烟污染问题，严厉打击违法占道烧烤经营点，加强夜市油烟摊贩管理，督促已安装油烟净化器的经营户正常使用，达到油烟排放标准。

其次，在农村地区，推动农村生活垃圾无害化治理，以推进花溪区城乡一体化协调均衡发展。第四，花溪区制定了《花溪区制止和查处违法建设行为实施细则（送审稿）》，按照制止和查处违法建设坚持属地管理、谁主管谁负责、部门执法与群众参与相结合的原则，对全区的违法建筑进行管控和拆除。随着花溪区全域文化旅游创新区项目的深入推进，各区域控违形势日趋严峻，为了快速推进项目建设，花溪区城管局形成了常设控违分队、临时派出分队、督查分队积极配合，重点监控，对棚户区改造项目、青岩小镇建设项目等进行重点管控，为全域环境治理和优化提供了基础的支持。

四、文明旅游创新

首先，花溪区倡导志愿者参与全域旅游志愿者服务，共建共享良好的城市秩序和环境，助力全域旅游示范区创建。在花溪区各旅游景区、乡村旅游点、游客服务中心等游客集中场所，大力提倡开展旅游志愿者服务，在 A 级景区、乡村旅游点、购物场所、酒店等旅游集中场所均设置了多处志愿者服务工作站，并有专门志愿者值守，向游客提供旅游文明引导、游览讲解、咨询服务、应急救援等服务。此外，定期组织各类志愿者在水源保护区、河道重点地段、旅游景区等帮助相关部门开展周边环境卫生维护、河道巡查、文明劝阻等志愿服务活动。组织各类志愿者在节假日、重要活动期间在全区重点路段、重要路口和景区景点开展公共文明引导志愿服务活动，设立文明监督岗，倡导大家文明行车、文明行路，倡导绿色的出行方式，形成文明的旅游行为，助力全域旅游创建工作。另外，花溪区还定期开展"最美导游""最美服务员""最美司机""最美交警""最美志愿者""最美环卫工人""最美保安"等一线工作者的评选活动，为文明旅游树立典型和标杆，让居民和游客见贤思齐，主动营造良好的居住和旅游环境。

其次，花溪区通过开展文明村镇活动，助力全域旅游示范区创建。围绕"溪南十锦""茶文旅一体化"等项目，整合资源和资金，选取"溪南十锦""茶文旅一体化"沿线的村镇作为示范点集中打造文明村镇活动，以文明村镇的示范意义，带动乡村地区文明意识的提升和文明环境的形成。

最后，营造全域文明旅游环境。一方面，花溪区提倡文明行车行为，以保障交通秩序改善和区内交通的畅通无阻。另一方面，也加大了对车辆违规停车的治理力度，加大了对公交车、出租车、过境客车随意上下客、拉客喊客等问题的治理力度。针对部分旅游行业服务质量及从业人员的服务水平、文明意识有待提高的问题，先后开展了针对景区导游（讲解员）、乡村旅游从业人员、旅游执法人员等相关人员的系列培训，重点整治宾馆酒店、旅游客栈、农家乐等在旅游接待服务质量方面存在的问题，提高了旅游行业的接待水平。在餐饮行业开展餐饮服务、食品安全、诚信经营、文明餐桌等活动，并评选出示范街和示范店。在旅游购物方面，加强旅游商品监管，让游客购之称心。加强旅游商品特别是旅游工艺品、纪念品、农副土特产品等的监管，严厉打击制售假冒伪劣商品的违法行为。在旅游演出娱乐市场方面，严厉打击无证照经营、低俗演出、非法演出等违法违规经营行为。通过这些举措的实施，营造了全域秩序井然、文明有序的旅游环境。

第三节　"浪漫花溪"品牌引领　构建立体化营销网络

近年来，贵州省在山地旅游目的地品牌打造上成效显著，贵阳市立足优越的气候条件，提出"爽爽的贵阳"口号，塑造了贵阳市作为避暑度假目的地的良好形象。花溪区作为贵州省文化旅游创新区和国家全域旅游示范区首批创建单位，需要在品牌形象、营销方式和营销手段上有全新的突破，才能够梳理独特的品牌形象。近年来，花溪区围绕"浪漫花溪"全域旅游品牌，重点突出了花溪区"大花园、大溪流"的生态特色，突出强调了花溪区"浪漫""生态""舒适"的度假体验。

根据这一形象定位，花溪区着力破解花溪区旅游营销存在的不成体系、各自为政、影响力小、覆盖面小等问题，立足品牌推广、特色挖掘、资源整合、市场影响力等方面，着重在营销机制、营销策略、营销内容、营销渠道上进行了创新并取得显著进展。打造了全域旅游品牌新形象，有力推动旅游业实现持续快速增长。

表8-3　2008—2018年花溪区主要文旅营销活动 [①]

年份	主要活动	主要内容
2008	成功举办"两赛一会"	为招商、扶持企业或个人自主开发旅游商品提供人力、工艺技术资源
	开展中国·贵阳避暑季等系列活动	开展推进文化旅游事业发展的系列活动
2009	组织旅游企业参加推介会	组织景区旅游企业参加北京、大连、重庆等地的国际、国内旅游推介会，发放花溪区旅游宣传资料5万余份，加强旅游宣传与推介工作
2010	开展旅游宣传促销推介活动	相关部门和区旅游行业协会分别在青岩堡、北京等地开展旅游宣传促销推介活动，通过媒体开展旅游专版宣传，编制发放《高原明珠·生态花溪》宣传画册等
	开展"花溪之夏"系列活动	"花溪之夏旅游节开幕式暨苗族'四月八'大联欢活动"
2012	打造"文化花溪"重要品牌和"高原明珠·浪漫花溪"旅游品牌	以"花溪之夏"艺术节为统领，将"花溪之夏"艺术节作为全区打造"文化花溪"的重要品牌，着力突出"品黔中文化、游浪漫花溪"主题，打造"高原明珠·浪漫花溪"旅游品牌
	建成并投入使用花溪旅游门户网站	建成花溪旅游门户网站并投入使用，实现了全区知名涉旅企业通过花溪旅游咨询网发布企业信息，与游客进行互动
	举办2012中国·贵阳避暑季之"花溪之夏"文化艺术周系列活动	开展"花溪之夏"艺术节贵州首届全国键盘邀请赛、"花溪之夏"艺术节闭幕式暨"全省大学生文艺专场演出"
2013	参加2013年中国国内旅游交易会	参加了2013年中国国内旅游交易会，在旅交会现场设立了天河潭、青岩古镇展台进行推介
2014	举办第九届贵州旅游产业发展大会	成功举办第九届贵州旅游产业发展大会，进一步完善青岩古镇等景区的基础设施，丰富旅游业态，优化旅游功能

[①]　根据花溪区统计公报整理而得。

续表

年份	主要活动	主要内容
2015	成功举办"2015贵阳国际马拉松赛"	贵阳市利用得天独厚的气候资源和自然条件优势，通过举办夏季国际马拉松赛，向海内外推介"贵阳——中国夏季马拉松名城"，使国际马拉松赛成为贵阳市的城市名片
2016	举办青岩骏驰CTCC国际房车比赛、"九月重阳文体展演"、中老年体育健身运动会等	2016 CTCC中国房车锦标赛第七站贵阳青岩站的决赛于10月30日在贵州骏驰国际赛车场拉开战幕
2018	举办2018·中国旅游景区（花溪）消费升级高峰论坛	在文化和旅游部的指导下，由中国旅游景区协会主办年度论坛——"2018·中国旅游景区（花溪）消费升级高峰论坛"，并成立"中国旅游景区协会消费升级专业委员会"

一、创新营销机制，建立"五极联动"体系

为破解花溪旅游营销长期各自为政、单打独斗的难题，花溪区以创新营销机制为突破口，制定《花溪区全域旅游营销主体联动方案》《花溪区全域旅游营销部门联动方案》《花溪区全域旅游营销活动补助奖励实施方案》等文件，围绕打造"浪漫花溪"全域旅游品牌，建立了政府、行业、媒体、公众共同参与的主体联动机制及文化、旅游、宣传等多部门联动机制。政府支持、行业协同、企业联手、媒体跟进、公众参与的"五极联动"营销体系开创了全域旅游营销的新格局。政府在全域旅游品牌营销中发挥主导地位，为全域旅游营销提供政策保障和资金支持。根据《关于持续推动花溪区旅游业"井喷"增长的实施意见》，明确规定从 2017 开始连续三年，区政府每年安排不低于 3000 万元旅游专项资金，其中宣传营销经费不低于 500 万元。对花溪区旅游市场开发有突出贡献的辖区涉旅企业（行业）进行奖励，激发涉旅企业（行业）共同推动花溪区旅游业发展。行业协会作为行业组织和交流的平台，推动营销资源的整合、开展行业联合营销、组团参加大型展览会交易会等；企业根据自身经营，利用多平台、多种手段开展企业形象和产品宣传。例如，在 2018 年，花溪区联合壹基金开展了壹基金"2018 为爱同行"大型活动，在活动中宣传了花溪区旅游品牌，并整合了政府部门、行业协会、涉旅企业等全方位资源，

吸引了大量的公众参与，活动参与人数3000余人，媒体报道45篇，关注点击率突破30余万人次，形成了政府、行业、企业、媒体和公众共同助力全域旅游营销的新局面。

二、创新营销渠道，构建立体化的营销网络

为解决全域旅游营销覆盖面窄、传播时效短等问题，着重在营销策略上谋求新突破。与中央电视台、人民网、新华网、央视网、中国网、中国日报、凤凰网、香港商报、贵州电视台、腾讯、爱奇艺、今日头条、马蜂窝、领英等31家媒体平台合作，在全省成立了首家全域旅游媒体联盟，形成了全域旅游传播体系。同时制定了《花溪区全域旅游媒体联盟章程》，明确了工作任务、加盟机制、营销计划、奖励激励等内容，构建出"企业策划活动、媒体联手营销、政府考评激励"的共推格局。自联盟成立以来，无论在稿件数量以及营销质量上，还是在对外影响力上都有了很大的提升，如2018年10月，通过媒体联盟嫁接2018"多彩贵州·浪漫秋冬"全国网络媒体贵州行大型采风活动，40余家媒体聚焦花溪全域旅游，同时期发布各类新闻报道357篇，大大提升了花溪全域旅游在国内外的曝光度。

三、创新营销内容，丰富营销产品供给

好的营销效果是"渠道+内容+创意"的结果，在扩宽传播渠道的基础上，花溪区着力在提升全域旅游营销内容上下功夫，主要举措如下：第一，设计全域旅游新形象。聘请专业团队设计"浪漫花溪"全域旅游品牌形象LOGO，并通过户外广告、重大节事活动、电视媒体、新媒体等方式塑造品牌形象，形成了具有一定市场影响力的"浪漫花溪"全域旅游品牌形象。第二，开展丰富的文、体、旅活动。通过媒体联盟嫁接2018"多彩贵州·浪漫秋冬"全国网络媒体贵州行大型采风活动，40余家媒体聚焦花溪全域旅游，发布各类新闻报道357篇。举办了2016中国青岩·古镇峰会、2017理查德·克莱德曼钢琴音乐节、2018壹基金健步行等活动，使"浪漫花溪"品牌效应进一步凸显。第三，推出主题线路产品。依托青岩古镇、天河潭、花溪国家城市湿地公园等核心景区，以及骏驰国际赛车场、板桥艺术村、溪南十锦、久安茶园等新兴旅游地，凝练主题，创意策划，编制了花溪区古镇文化

游、休闲度假游、研学生态游、乡村民俗游、大数据旅游 5 条精品线路，为旅游营销提供丰富翔实的产品内容支撑。第四，开发多样化的宣传材料。制作了《花溪区全域旅游宣传片》《花溪旅游宣传小视频》《花溪区全域旅游全景图》《花溪全域旅游手绘地图》《花溪全域旅游智慧微书》《花溪旅游攻略——去花溪》《花溪精品线路十大玩法》《花溪全域旅游宣传折页》《全域旅游宣传册》等系列宣传资料，以多种形式宣传花溪旅游品牌。

四、创新营销方式，开启多元营销实践

面对"80 后""90 后"新的旅游消费人群和当今飞速发展的互联网技术氛围，国内多个城市旅游营销方式花样百出，很多城市和景区通过微博、微信、抖音、小视频等方式，迅速成为网红，很多旅游景点通过电影营销、电视营销、口碑传播等多样化的方式，成为网红打卡地。面对这样的态势，花溪区在营销方式上做了诸多探索，根据不同的传播重点，采取网络营销、节事营销、新媒体营销、电视营销等多样化的营销手段。

一是加大通过电视节目进行品牌营销的力度。电视媒体受众面广、认可度高、权威性强、影响力大，非常适合用来传播地区的整体形象，塑造全域旅游的总体品牌。花溪区立足"浪漫花溪"主题形象定位，整合花溪区自然生态和历史人文资源，通过中央、省级等电视媒体大力开展品牌营销。同央视合作，拍摄制作《花影溪田贵山南》五集高清纪录片，拍摄制作花溪区旅游专题栏目《城市一对一》《我在屯堡学地戏》《走遍中国》等，分别在中央电视台发现之旅频道、中文国际频道播出；同贵州卫视合作，拍摄制作《我在贵州等你第三季——花溪篇》，并在 2018 年中国国际大数据产业博览会期间循环播出。

二是突出平面广告对品牌形象的塑造。花溪区制作花溪全域旅游宣传主题画面。在龙洞堡国际机场 LED 屏循环展播，并在贵阳市内楼宇、公交车车身等投放全域旅游示范区宣传广告。通过平面广告，使得花溪区全域旅游形象和品牌深入人心，不仅对旅游者形成吸引，也推进了全域旅游示范区建设在区内居民中的认可度，是外部营销和内部营销的结合。

三是通过网络新媒体营销传播花溪区柔性形象。运用社交平台可以弥补权威媒体

过于刚性的传播短板。充分利用网络技术和网络资源，花溪区不断拓展境内外社交平台的使用，形成更多元、更灵活、更亲切接地气的传播方式，也更容易到达青年游客群体。例如，通过携程、途牛、美团、去哪儿、马蜂窝等 OTA 平台，植入花溪区广告营销，为远程旅游者提供个性化的旅游攻略、游记分享、游记服务，树立花溪区旅游目的地丰富多彩的形象。又如，立足花溪区的行业资源与信息，开设花溪区微博、微信、抖音、爱奇艺、今日头条等媒体官方政务号，利用网络大 V、网络达人的影响力，提高花溪旅游在网络平台上的关注度，以柔性方式，传递花溪多维度、多侧面、多样化的旅游信息，和目标市场群体形成情感的连接。

四是通过节事营销，强化花溪区旅游品牌的影响力。花溪区文化资源丰厚，节庆文化资源更为突出。但长期以来，花溪区各类节庆活动存在规模小、市场影响力低、传播力不强等问题。针对这些问题，花溪区结合历史人文、民俗风情等资源，通过政策扶持、策划包装、着力培育、整合提升，形成具有花溪区浓郁地方特色的持续性节庆活动，形成一系列品牌文化活动，如正月十三民族民间歌舞大联欢、苗族的"四月八"、布依族"六月六"、孔学堂庙会，当前已经成为重要的节事活动，不仅对宣传花溪区品牌形象大有裨益，同时也丰富花溪区的文化旅游产品。此外，花溪区重点打造"花溪之夏"艺术节，举办理查德·克莱德曼钢琴音乐会，塑造"浪漫花溪"的鲜明形象。另外，在贵州省山地旅游目的地总体品牌下，花溪区突出户外运动、体育赛事类节事活动的打造。2018 年 9 月举办了"CSBK 中国超级摩托车锦标赛暨 CRRC 中国摩托车锦标赛贵阳站"活动、"全民运动骏驰赛车总动员"等体育赛事，大大丰富了花溪全域旅游的品牌内涵。

通过一系列营销机制、营销策略、营销内容、营销渠道方面的举措，花溪区旅游营销成效显著。通过实施营销新策略、拓宽营销新渠道，有效助推花溪区旅游产业经济的发展，旅游产业实现持续"井喷"增长。近年来，"浪漫花溪"旅游品牌的知名度、美誉度得到不断提升，旅游市场不断扩大，2016—2018 年平均实现游客数量增长速度达 32%。其中，2016 年接待游客 2182.18 万人次，同比增长 34.2%；2017 年接待游客 2928.63 万人次，同比增长 34.21%；2018 年接待游客 3739.61 万人次，同比增长 27.69%。

【案例】"浪漫花溪"全域旅游品牌形象

花溪区全域旅游的品牌形象概括起来就是"浪漫花溪"四个字。聘请专业团队设计"浪漫花溪"全域旅游品牌形象LOGO，并通过户外广告、重大节事活动、电视媒体、新媒体等方式塑造品牌形象，形成了具有一定市场影响力的"浪漫花溪"全域旅游品牌形象。如右图所示。

花溪区，山水秀美，历史人文厚重，文化旅游景点更是数不胜数。这个LOGO将花溪区自然与人文要素有机地融合在一起，标志以"自然与水的蓝色印章"为创意点。寄希望于通过传统印章与现代视觉语言的表现形式，直观、

▲ 花溪区全域旅游品牌形象LOGO

平实地表现出花溪的内在特质。通过传统印章及"花溪区区花——桃花"的图形化运用，直观地传递"花"与"溪"的信息。构成一幅在花溪区随处可见的浪漫画面，同时体现花溪区自然之美与历史文化的融会，切合和凸显花溪生态区文化、休闲、现代的内在特征，地域特色明显。

第九章　创新『花溪模式』之交通服务

　　当前我国消费升级趋势明显，养老、健康、旅游、绿色消费等成为消费升级的重点领域。随着乘用车渗透率的提高，并与旅游休闲的潮流形成交织作用，自助式旅游大行其道，自驾车旅游方兴未艾，户外运动、低空旅游、房车、露营等新兴的旅居一体生活方式备受青睐。2016 年，我国自驾车游客占国内旅游出游人次的 59.5%，达到 26.2 亿人次。旅游者的流动性前所未有地增强。在这种发展态势下，2017 年 3 月 1 日，交通运输部、原国家旅游局、国家铁路局、中国民用航空局、中国铁路总公司、国家开发银行印发的《关于促进交通运输与旅游融合发展的若干意见》（交规划发〔2017〕24 号）（简称 24 号文件），提出要促进交通旅游的深度融合，打造低空旅游、汽车营地、火车遗产旅游等交通旅游产品，并建立起"快进慢游"的交通体系。面对这样的发展态势，花溪区在推进全域旅游示范区创建过程中，重点加大对内外部交通网络的建设、培育交旅融合的新业态，通过多种技术手段推动交通服务水平的提升，推动交通服务设施的休闲化改造。

第一节　内外联动　构建"快进慢游"交通网络格局

在花溪区在创建全域旅游示范区之初，交通瓶颈明显制约旅游发展。主要体现在：一是外部通道较少。2016 年以前，花溪区仅有西南环线的桐木岭互通、王宽互

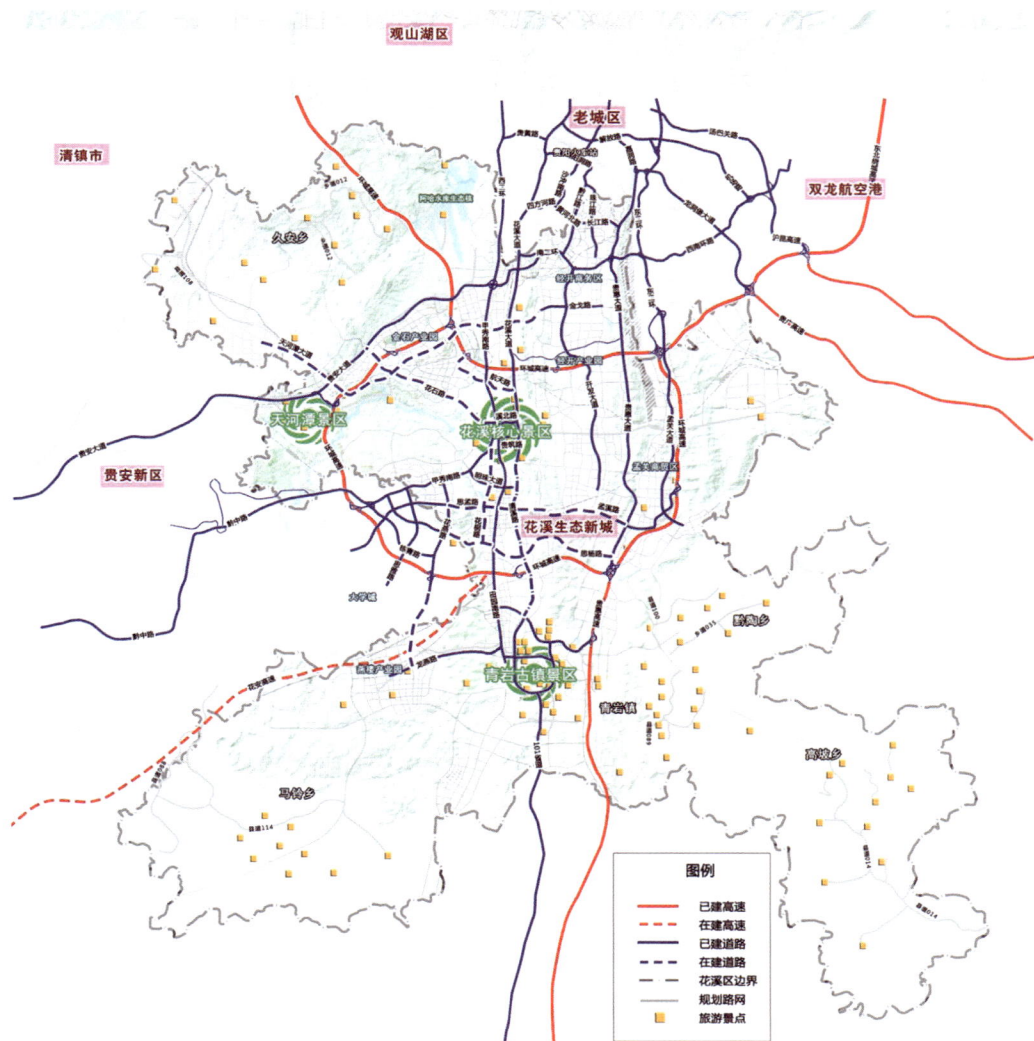

▲ 花溪区公路网络图

通和石板互通三个高速出口。与外部联络线主要有西南高速、环城高速、花溪大道、甲秀南路、黔中路、101省道等。随着城市的发展，城市人口、旅游人口的增加，花溪区的对外通道明显不足。

二是花溪区内通景公路等级较低。虽然南环线建成后，串联起贵阳市的主要景点，对花溪区旅游发展带动很大，2018年的旅游人次和收入都实现了大幅增长，但花溪区主要旅游景区如青岩古镇、天河潭虽然离南环线直线距离不远，但通向景区的道路状况还需要改善。

三是旅游公路缺乏。在国内自驾游蓬勃兴起的大环境下，花溪区作为贵阳市休闲度假区，急需一条具有生态自然、文化体验、农业观光、旅游休闲、体育运动等复合功能的旅游公路或景观路，以串联起花溪各地的资源。

四是公共出行方式单一。居民和游客在花溪区境内主要采取公交、私人汽车、客运班车出行，区内尚无轨道交通等更高效的交通工具，到主要交通节点、重要景区的换乘还不够方便。

面对诸多制约和短板，为建成全域文化旅游创新区，花溪区先后投资106.48亿元，建成48.99千米城市主干道路，形成城市旅游交通网，希望借此突破交通发展瓶颈。实现同机场、高铁站、汽车站的高效连接。同时，完善通景公路网络，推动乡村旅游公路建设，疏通内部交通微循环，打通最后一公里，通过构建内部网络，实现游客在花溪域内的深度体验。主要创新做法包括：

一、依托环城高速公路建设，打通全域交通"外部脉络"

花溪区按照创建国家级全域文化旅游示范区的目标，投资约52亿元，加快交通基础设施建设。区域内新增高速公路出口4个，新建高速公路17千米，新建青惠路、金马大道等跨地区联络线46.1千米，新建市政道路21.3千米。尤其是环城高速花溪互通立交工程的建设，将甲秀南路与环城高速公路连接在一起，花溪区主城区与环城高速西南环线的距离由原来的10千米缩短到2千米，实现了与沪昆高速等外部公路的高效对接，对花溪区与贵阳市中心城区之间车流量的分流具有重要价值，对拉动花溪区文化旅游创新区的发展具有较大促进作用，为全域旅游发展畅通了外部交通环境做出贡献。

当前，花溪有过境高速公路3条，北面G210国道（内蒙古包头—广西南宁）、

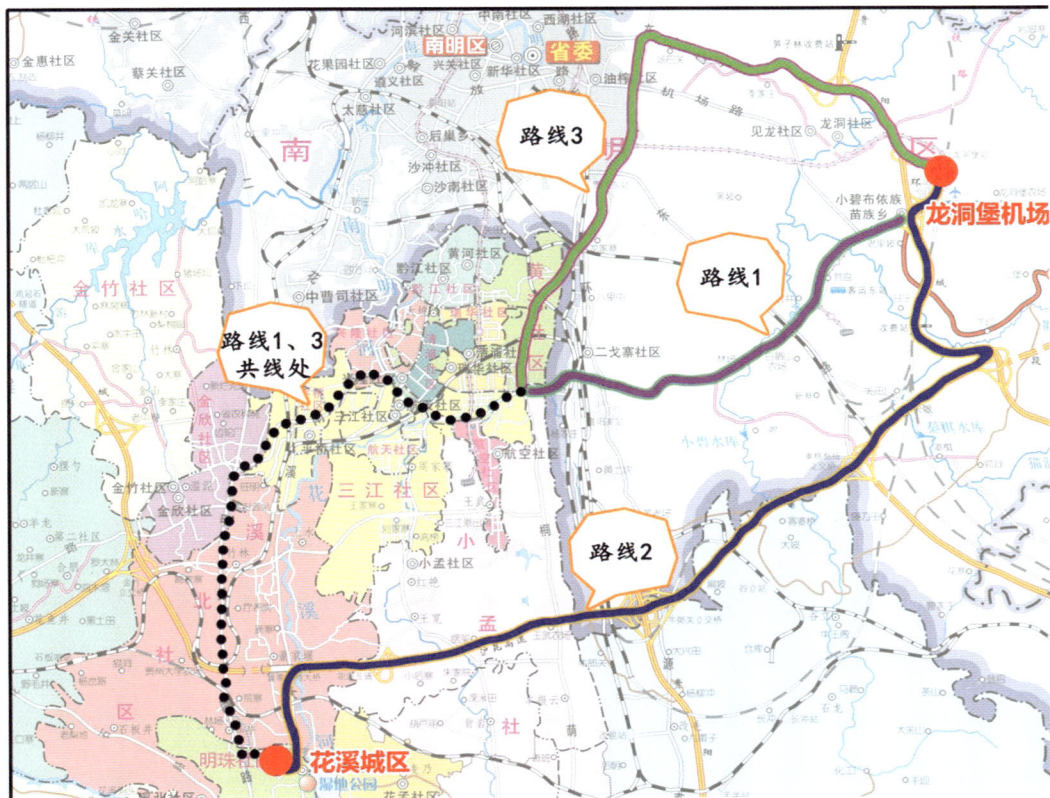

▲ 花溪区离机场距离图

西北面 G320 国道（上海—云南瑞丽）、南面 G69 国道（宁夏银川—广西百色）。可通过贵阳绕城高速、贵阳南环高速、贵惠高速、花安高速等实现与过境高速公路的连接。贵阳龙洞堡国际机场通往花溪中心城市的线路为 3 条：第一条是经常经贵阳西南环线通过甲秀南路直达花溪区中心城区，全程约 26.5 千米。第二条是经兰海高速上沪昆高速通过花溪大道至花溪区中心城区，全程 27.1 千米。第三条是经贵阳环城高速通过甲秀南路直达花溪区中心城区，全程约 30.8 千米。从外部交通网络来看，当前，花溪区已经形成了相对便捷的外部脉络，花溪区距离贵阳机场较近，路程均在30 千米左右，半小时可达。从花溪区到贵阳北站高铁站经由明珠大道—甲秀南路（西二环）约 26 千米，车程在半小时之内，实现同高铁的快捷连接。通过外部交通网络的打通、高速路收费口的设立，花溪区在交通区位上的优势进一步凸显，连接到区域内以飞机和高铁为骨架的"快进"网络。

二、完善配套设施，提升通景公路服务功能

在内部"慢游"网络构建方面，花溪区主要提升和完善重点景区的道路服务设施。花溪区有一个国家 5A 级旅游景区青岩古镇，两个国家 4A 级旅游景区十里河滩湿地公园和天河潭。从中心城区至这三个重点景区的道路，主要包括：

1. 中心城区—S101（田园南路）—青岩古镇景区（达到 2 级以上公路标准）
2. 中心城区—花石路—贵安大道—天河潭景区（达到 3 级以上公路标准）
3. 中心城区—花溪大道—十里河滩景区（达到 3 级以上公路标准）

花溪区在提升的过程中，在青岩、天河潭等景区周边新建通景公路 15.1 千米。此外，主要完善绿化带、沿线路灯、公交车站、标识标牌等，提升通景公路的引导、服务功能。

三、改造农村公路，优化全域交通"毛细血管"

在城乡融合发展的背景下，花溪区以"交通进村入户、助推精准脱贫"为目标，推动全域旅游的交通体系建设。改造农村公路 104.1 千米，将美丽乡村建设同道路交通建设相结合。计划将青岩至高坡 15.1 千米公路打造为"风景廊道"，为全域旅游营造优美的公路通行环境。花溪区现有不同类型的乡村旅游点 7 处，即青岩龙井、山王庙、黔陶老榜河寨、高坡石门、高坡扰绕、马铃水车坝、久安新寨。当前已经形成中心城区—青岩—高坡、中心城区—青岩—马铃、中心城区—石板—久安等主要乡村旅游公路，内部网络畅通，沿线公路路况良好。

四、依托贵阳旅游公路环线，实现区内区外互动串联

花溪区积极融入贵阳市旅游公路环线建设，推动区内重要景区和区外的互联。贵阳市旅游公路环线花溪段涉及 8 个乡（镇）和 1 个社区（麦坪镇、久安乡、石板镇、燕楼镇、青岩镇、黔陶乡、高坡乡、孟关乡、贵筑社区），全长 128.2 千米。环线建

旅游公路环线（花溪段）

旅游公路环线全长600公里，其中主环线400公里，小环线200公里。花溪段全长128.2公里，其中主环线77.2公里，小环线51公里（高坡环29公里、久安环22公里）。主环线新建道路56.7公里，借用道路共20.5公里（花燕路10公里、松柏路6.7公里、黔中路4.8公里）。小环线新路27.8公里（高坡环22.4公里、久安环5.4公里），借用道路6.6公里（高坡环X014），改造道路16.6公里（久安环路面改造）。

建设标准：主环线路基宽度不低于16.5米，小环线路基宽度不低于6.5米。

旅游公路环线花溪段项目总投资约54.9亿元，其中建设费用约23.2亿元，征地约6192亩5.9亿元，房屋征收约12.2万平方米5.9亿元，以及前期手续办理、资金贷款利息等约19.9亿元。

花溪段共涉及8个乡（镇）和1个社区（麦坪镇、久安乡、石板镇、燕楼镇、青岩镇、黔陶乡、高坡乡、孟关乡、贵筑社区）。

花溪段串联景区景点11个、田园综合体15个、富美乡村12个、特色小镇3个。

▲ 旅游公路环线（花溪段）

成后将串联起青岩古镇、天河潭、花溪恒大童世界等景区景点约 11 个、田园综合体 15 个，富美乡村 10 个，特色小镇 3 个。2018 年启动 2.1 千米示范段的建设，这对于花溪未来的旅游发展格局会产生极大的利好。

▲ 贵阳市旅游公路环线

　　依托区内线路的改善，花溪慢游系统正在形成中，重点推出 10 条主题性精品旅游线路，包括：高坡—青岩—屯堡—龙井布依的民俗旅游线路；高坡—青岩—天河潭的美食线路；高坡—夜郎谷—青岩—黄金大道—镇山村—板桥村—花溪公园—湿地公园的摄影线路；溪云小镇—孔学堂—板桥—骏驰汽车营地的亲子线路；久安—黔陶的采茶线路；海信—货车帮—奇瑞汽车工业旅游线路；货车帮—溪云小镇科技旅游线路；高坡—青岩的滑雪旅游线路；青岩—孔学堂—溪云小镇研学旅游线路；高坡—黔陶—小西冲—山王庙户外探险旅游线路。同时，规划建设自行车慢游线路，从湿地公园，沿田园路，经区行政中心到青岩古镇，沿途设置区行政中心、青岩堡、青岩景区北门 3 处驿站，提供自行车租赁、停靠、小商品售卖、旅游咨询等服务。

▲ 花溪滨河休闲慢行绿道系统建设示范段规划示意图

第二节　服务创新　形成"中心＋线路＋节点"的交通服务体系

花溪区在打通区内外交通网络的基础上，重点通过建设旅游集散中心、高速公路服务区、开通旅游专线、新建和改造停车场、建设汽车营地等，形成全域旅游的交通网络和交通节点，构建立体化的交通服务体系，提升道路的导流能力和综合服务功能，为区域内越来越多的散客化的旅游休闲客流提供便利。

一、建设具有复合功能的旅游集散中心

花溪区高标准地建设了花溪区旅游集散中心，并不断丰富旅游集散中心的功能。花溪区旅游集散中心位于青岩古镇景区（5A级）北侧，临近贵惠高速青岩出口和在建的贵阳市轻轨3号线延伸段终点，位置优越，交通便利。花溪区旅游集散中心总占地约2.67万平方米，其中房屋建筑面积2300平方米、站前广场2000平方米、发车

▲ 贵州省旅游集散中心

区 2000 平方米、停车场 12200 平方米，停车位共计 150 余个、发车位 5 个、充电桩车位 3 个。主要功能包括旅游交通集散、票务服务、旅游定制、自助旅游、智慧旅游、共享汽车服务、汽车租赁、汽车充电服务、区域联动、信息预警、信息咨询、道路应急救援、民间集市展示、住宿、餐饮、会议、特色商品售卖等。

同时正在青岩古镇西侧建设融交旅核心功能、智慧旅游、高端酒店、中高端商贸综合体等功能为一体的贵州省旅游集散中心。贵州省旅游集散中心位于花溪区青岩镇龙井村，占地约 0.13 平方千米。该中心是贵阳市重点规划建设的两个一级旅游集散中心项目之一，是融交通、住宿、演艺、服务配套为一体的文化旅游综合服务平台。集散中心的功能主要包括交旅中心、智慧平台、高端度假酒店、民族集市、主题餐厅等。

两大集散中心同时选址于此，凸显花溪区在贵阳市乃至贵州省旅游集散中的枢纽地位，贵州省旅游集散中心将实现对省内 5 个国家 5A 级旅游景区的全覆盖。

二、开通旅游专线公交线路，提升服务功能

花溪区通过建设旅游交通集散点，开通城市快速公交、城市旅游公交专线，实现了全域公共交通网络的集散和畅通。

一是开通城市快速公交，提升旅客出行便利性。贵阳北站至花溪 BRT267 线路的开通，实现了从花溪区到高铁站的无缝连接，提升了旅客出行的便利性和幸福感。

二是开通旅游专线公交。花溪区为了方便游客转乘，让游客在花溪区内能够"游得开"，开通了青岩—天河潭—花溪十里河滩、青岩—贵阳北站、青岩—贵阳市旅游集散中心、青岩—贵阳机场 4 条旅游专线公交，将景区景点旅客运输有效串联。

三是开通旅游客运班车。花溪区开通旅游客运班车，将中心城区与青岩龙井、青岩小摆托、黔陶老榜河寨、高坡石门、高坡扰绕、马铃水车坝、久安九龙山 8 处乡村旅游点进行串联。

四是开通城市观光巴士。花溪区开通了从湿地公园（北广场）经花溪大道（孔学堂）、清溪路（花溪公园）、田园中路（区政府）、田园南路（板桥艺术村）、青岩北部环线到花溪旅游集散中心的城市观光巴士。旅游专线公交和城市旅游观光巴士的开通，提高了乘客的便捷度、舒适度和满意度，使全域出行环境得到了整体提升。

三、改造公路服务区，提升旅游休闲功能

在自驾游客日益增多的背景下，花溪区加大公路服务区和服务点的提升改造工作。目前花溪区主要有4个服务区、3个服务点，主要包括花安高速复合型旅游服务区、贵阳市绕城高速青岩旅游服务区、贵阳绕城高速花溪旅游服务区、贵阳绕城公路南环线花溪旅游服务区、田园南路加油站旅游服务点、青岩堡旅游服务点、高坡石门旅游服务点。这些服务区和服务点经过改造提升，在停车、休息、加油、厕所等基本功能之外，均增加旅游查询、特产售卖、餐饮服务、休闲娱乐、医疗等多种复合功能，大大提升了道路对休闲游客的服务能力。

表 9-1 花溪区主要高速路旅游服务区和旅游服务点

名称	位置	面积	功能
花安高速复合型旅游服务区	位于S89花安高速段	13万平方米停车休息区，1000平方米厕所	停车、加油、旅游查询、咨询、特产售卖、餐饮、医疗救助、房车营地、采摘体验、汽车修理、住宿、儿童乐园、书吧、广播呼叫
贵阳市绕城高速青岩旅游服区	贵惠高速青岩匝道出口	占地15083.35平方米，建筑面积2623.49平方米，游客中心1239.33平方米	停车、休息、厕所、旅游咨询、商品售卖、餐饮服务、医疗救助、充电车位、无障碍车位
贵阳绕城高速花溪互通旅游服务区	花溪互通桥附近	20个车位停车休息	厕所、旅游咨询、商品售卖、餐饮服务、医疗救助、汽车加油
贵阳市绕城公路南环线花溪旅游服务区	贵安新区党武乡摆门	资料暂缺	停车休息、厕所、旅游咨询、商品售卖、餐饮服务、医疗救助、汽车加油
田园南路加油站旅游服务点	田园南路	5个停车位、20平方米厕所、40平方米商品售卖	商品售卖、厕所、旅游咨询、加油
青岩堡旅游服务点	北部环线和桐惠路交叉口	约1.3万平方米，200个车位、70平方米厕所、20平方米商品售卖	停车、厕所、商品售卖、旅游咨询
高坡石门旅游服务点	高坡乡石门村路口	约2600平方米，30个车位、15平方米厕所、10平方米商品售卖	停车、厕所、商品售卖、旅游咨询

党的十八大提出"创新、协调、绿色、开放、共享"的五大发展理念。坚持生态文明、实现绿色发展是我国社会经济转型升级的方向。当前,人类活动与环境承载力不足之间的矛盾日益凸显。随着我国多数城市进入工业化和城镇化的中后期,资源枯竭、人口激增、环境污染等问题也不断涌现,亟须转变生产和生活方式,实现经济的高质量发展。

第一节　体制保障　实施"大花园、大溪流"生态战略

绿水青山的生态优势是花溪区的独特优势所在。花溪区在全域旅游建设中,紧紧抓住生态优势,全面实施大生态战略,全面推进生态文化资源的保护,提出"大花园、大溪流"的生态发展格局,促进花溪区度假旅游目的地的形成。通过一系列生态修复、生态保护、美化绿化等做法,推动绿色发展。提升花溪区生态环境,变生态优势为经济优势,带动全域旅游的发展。2015—2017 年,花溪区森林覆盖率为

45.61%、46.10%、48.90%，实现逐年增加①。2015年新增绿地面积21.76万平方米，2016年新增绿地面积20万平方米。2015年建设完成社区公园7个，2016年建设完成各类公园13个；2017年建设完成各类公园65个，同时完成市级示范性公园（黄金大道景观公园）的建设；2018年建设完成各类公园4个。花溪"大花园"的特色得到充分凸显。

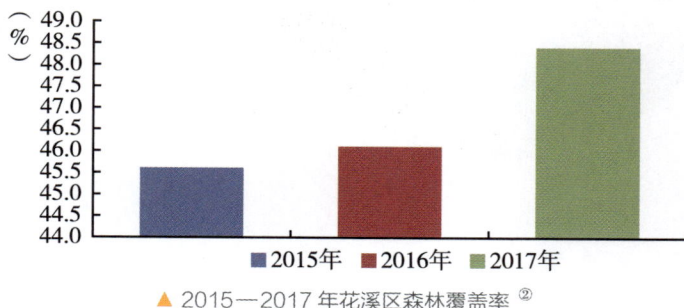

▲ 2015—2017年花溪区森林覆盖率②

根据《贵阳市绿地系统规划（2015—2020）》，到2020年，贵阳市中心城区绿化覆盖率达到50%以上，全市人均公园绿地面积达到17.35平方米。

花溪区出台《花溪区自然生态保护实施方案》《花溪区"一河百山千园"行动计划的通知》等多项自然保护措施，编制《贵阳市花溪区林地利用保护规划（2010—2020）》，强调对自然生态系统、生物多样性的保护。加强大气污染联防联控机制，实施"碧水"保护计划等，特别是在生态文明体制和机制方面，做了不断探索。

花溪区组建"生态保护检察局"和"花溪区生态文明建设局"，推动花溪区绿色常态化发展。贵阳市花溪区人民检察院于2014年4月30日成立生态保护检察部，负责督促生态环境领域行政机关履职案件等工作。

2012年12月26日，"花溪区环境保护局"和"花溪区林业绿化局"合并，成立花溪区生态文明建设局，同时加挂"花溪区环境保护局"和"花溪区林业绿化局"两块牌子，将发改局的节能减排办、工信局的循环经济办等其他部门生态文明相关的职

---

① 根据2015—2017年《花溪区国民经济和社会发展统计公报》相关数据整理。
② 根据2015—2017年《花溪区国民经济和社会发展统计公报》相关数据整理。

责划入生态文明建设局。通过合并落实了"党政同责、一岗双责、依法履责、权责一致、齐抓共管"的生态环境保护工作机制。构建花溪区齐抓共管的大环保格局，审定重要的生态政策依据和制度保障。

第二节　全面治理　构建齐抓共管的大环保格局

花溪区是"国家级生态示范区"，为保持"大花园、大溪流"的特点，加大力度解决长期制约当地旅游环境的老大难问题，开展全域公园体系、百山治理工程、水系治理综合景观环境美化工程等多项建设工作，并取得了卓越成效。2011年贵阳市花溪区获得"国家级生态示范区"，花溪区青岩镇、马铃乡获得2014—2016周期"全国卫生县城（乡镇）"，贵阳市获得2017年"全国文明城市"等荣誉称号。

一、保护城市湿地，构建公共生态休闲空间

花溪区十里河滩是贵阳市非常宝贵的城市湿地，有宝贵的生态资源、旅游资源、城市资源，拥有众多珍稀动植物种类。2009年12月，国家住房和城乡建设部批准以十里河滩为主体的花溪城市湿地公园为国家城市湿地公园，是我国首个以高原喀斯特地貌为主要特征的国家城市湿地公园。

为保护生态环境，提升湿地公园的景区品质，花溪区十里河滩景区主要采取了以下举措：一是对十里河滩景区及周边上水、麦达等5个村寨进行生态搬迁，搬迁农户3452户8473人，拆除房屋97.84万平方米，从源头上解决了原周边村寨对花溪河造成污染的问题。二是保护生物种类多样性，通过动植物合理、精心地选择和配置，为湿地生物提供良好的栖息空间。当前，河滩区域内植物总计千余种，浮游植物96种，苔藓植物31种，有国家二级保护植物4种；拥有500余种动物，有国家珍稀保护动物5种，以及濒危鱼类和鸟类14目29科89种。2016年旅游人数339.9万，同比增长31.74%，旅游收入318.43万元，同比增长131.2%；2017年旅游人数495.74万，同比增长46%，旅游收入696.73万元，同比增长188%；2018年截至12月旅游人数570万，同比增长14.97%；旅游收入842元，同比增长20.84%。花溪区十里河滩已

经形成了花溪区、贵阳市居民休闲、游憩的重要休闲空间，也吸引着越来越多的外地游客。

二、保护花溪河水源，呵护花溪绿色文明

花溪河位于长江、珠江重要的源头，这条河见证了花溪区旅游发展轨迹，承载着花溪区所独有的精神、文化、品质，孕育花溪区万物繁衍、生息。2016 年花溪区水环境质量优良率 100%，水环境管理质量工作未纳入全省县域经济发展综合测评及排位；2017 年水环境质量优良率 100%，花溪区水环境管理质量和指数方面在全省 89 个区县（市）排名第一；2018 年上半年，全区水环境质量优良率 100%，花溪区水环境管理质量和指数方面在全省排名第四。

为保护花溪区水资源环境，最大限度地发挥其生态价值，花溪区加大了对水环境的保护和监管力度，及时发现饮用水源安全隐患并积极采取有效措施：在花溪水库饮用水源一级保护区设置围栏 2200 余米，设置警示牌、界碑、界桩等设施，提高对饮

▲ 花溪湿地公园新貌　摄影：杨秀勇

用水源的保护能力；2017 年，花溪区委、区政府印发《花溪水库、阿哈水库（花溪区范围）及花溪河集中式饮用水源地环境保护专项整治工作方案》（花委办字〔2017〕17 号）和《花溪区解决饮用水源地突出环境问题工作方案》（花府办发〔2017〕86 号），提升了饮用水源保护力度；全面建立河长制，由区委书记及区长担任总河长，各副县级以上领导分别任各河段河长，通过开展河长清河活动，推动各级河长常态化巡河，建立问题台账，推动整改落实，强化宣传教育，严厉打击各类违法犯罪行为，逐步根除乱占乱建等突出问题，实现了花溪河河畅、水清、岸绿、景美。

三、提升空气质量，形成"生态大氧吧"

2016 年以来，花溪区环境空气质量六项指标浓度均到达国家二级标准。2016 年优良率为 95.5%，优良天数 349 天，PM2.5 浓度为 32μg/m³，环境综合指数（逆向指数）为 3.76；2017 年优良率为 93.8%，优良天数 342 天，PM2.5 浓度为 30μg/m³，环境综合指数为 3.48；花溪区 2018 年 1—12 月环境空气质量优良率为 97.7%，优良天数 357 天，PM2.5 浓度为 30μg/m³，环境空气质量综合指数为 3.42。2018 年贵阳市环境空气质量优良率为 97.8%，在全国 169 个重点城市排名第 11 位，花溪区在贵阳市所辖区（县）中排名第 5。

四、汇聚各类公园，创建林城"大花园"

根据贵阳市委、市政府安排，配合贵阳市"千园之城"建设，花溪区提出了建设"百园之区"的目标。花溪区以"大花溪、大溪流"为主要特色，遵照"园区高端化、城市园林化、农村特色化、景区生态化"的"一区四化"理念，目前已经完成 89 个公园建设，创建花溪"百园之区"，通过公园建设，建成生态优良、环境优美、人与自然和谐的全国生态文明示范城市，实现"300 米见绿，500 米见园"的公园景观，全面提升了城市品质和旅游环境，将花溪区打造成自然、生态、人文、休闲、康体等功能汇聚的"大花园"旅游地。经过公园建设，2016 年花溪区人均公园绿地率有 15.45 平方米，2017 年花溪区人均公园绿地率有 15.55 平方米，2018 年花溪区人均公园绿地率有 15.65 平方米。

五、实施百山治理工程，增绿还绿

花溪区在 2017 年开始实施"百山"治理工程，以花溪区城市核心区域城市主干道可视范围为重点，对花溪区分布的 61 个山体，按照保护优先、"一山一策"的方式实施分类治理，消除裸露山体和迹地斑秃，提升植被覆盖度，丰富森林景观，形成点、线、面、环相结合的城市绿地系统。治理成效显著，2017 年已完成 24 个地块 0.14 平方千米山体治理工作。2018 年完成 0.11 平方千米山体治理工作，治理效果初步凸显。在进行充分的现地核实的基础上，结合"一山一策"要求，科学设计，科学选择树种，充分体现"一山一景"的要求。

六、加强林地保护，森林覆盖率稳步上升

花溪区制定《贵州省花溪区林地保护利用规划（2010—2020 年）》，对花溪区林地保护利用做出了重要安排，确保林地总量适度增加，森林保有量、森林覆盖率稳步提升，林地保护结构逐步优化，林地生产力明显提高。在 2016 年大力开展实施县乡村造林绿化封山育林工程、石漠化综合治理工程、环城绿化建设工程三大重点工程。同时加强天然林、公益林管护工作，林业有害生物疫情检测工作。经测算，2016 年花溪区（不含贵安新区）森林覆盖率为 48.38%，比 2015 年提高了 6.07%，2017 年（不含贵安新区）森林覆盖率为 48.90%，比 2016 年提高了 1.07%。

七、保护濒危植物，加强珍稀树种保护

青岩油杉于 1984 年根据国务院环境保护委员会对保护珍稀濒危植物的要求，被编入《贵州省珍稀濒危植物》一书。青岩油杉是以青岩命名的珍稀濒危树种。为保护以青岩油杉为代表的珍稀濒危植物及其生存环境，防止青岩油杉这一物种灭绝，花溪区生态文明建设局与贵州省林业调查规划院编制《贵州花溪区青岩油杉县级自然保护区总体规划（2017—2025 年）》，同时划定花溪区生态保护红线，从保护和恢复两个方面着手，确保青岩油杉在花溪大地上繁衍生息。

八、多角度开展地方历史文化、民族文化保护工作

为了促进花溪区内地方文化和民族文化的保护工作，花溪区制定了《花溪区传统村落保护发展工作实施方案》《花溪区名镇保护方案》等多项规划。在文物保护方面，花溪区完善区级以上文物保护单位"四有"档案，通过整理图片、勘测制图，建立记录档案 260 余套。设立、更换标志碑，划定保护范围和建设控制地带等。对可移动文物进行登录、审核及档案留存。开展文物工作数据库建设，对花溪区文物文保单位现状开展摸底调查等。2017 年，花溪区高坡乡成功创建"省级生态乡镇"，石门村、平寨村、云顶村、水塘村、杉坪村、高寨村和甲定村获省级生态村称号。

第三节　重点突破　城市湿地公园奠定休闲城市内核

从旅游休闲的角度看，城市公园、沿街绿地、步行街区、滨水区等构成城市休闲空间的基本内涵。城市公园是城市公共休闲空间的重要组成部分，具有改善生态、美化城市、游览观赏、游憩娱乐、防灾避险等多种功能。甚至，城市公园、绿地、滨河廊道形成的城市公园系统是一种自然基础设施。

纵观国际著名大都市，以城市公园、公园大道和绿道为基本要素，连接城市核心区与乡村地区，大城市主城区与卫星城市。城市公园体系的形成，奠定了城市休闲的基本空间格局。例如，英国伦敦的海德公园、摄政公园、圣詹姆斯公园、格林公园等，以往的皇家园林转变为公众享用的休闲空间。美国纽约中央公园建设，曾经掀起轰轰烈烈的全美公园运动的浪潮。此外，东京的上野公园，巴黎的卢森堡花园，北京的奥林匹克公园，首尔的汝矣岛公园，兰芝岛世界杯公园等都奠定城市生态化发展的基调。可以说，城市公园体系的形成奠定城市休闲的内核。

一、以花溪公园—十里河滩核心形成公园体系，奠定花溪区良好的生态格局

花溪公园雏形始于清乾隆五十二年（1787），由举人周奎父子营造。1937 年开始作为公园建设，1939 年经贵州省政府批准开始正式建设风景区并于 1940 年基本落成，

时称"中正公园"。1949年中华人民共和国成立后,正式改名"花溪公园"。

花溪公园位于贵州省贵阳市南郊17千米花溪区内,占地约0.53平方千米,东至花溪大桥,南沿磊花路,西临花溪平桥,北抵花溪小寨。主要景点有音乐广场、芙蓉洲、百步桥、坝上桥、麟山、龟山、松柏园、碧桃园、牡丹园、竹莲池、棋亭、憩园、西舍、戴安澜将军衣冠冢、平桥、黄金大道等。花溪公园融真山真水、田园景色、民族风情为一体,是贵州省著名风景区,被誉为贵州高原明珠。

十里河滩是贵阳市非常宝贵的城市湿地,有宝贵的生态资源、旅游资源、城市资源,具有河流、农田和库塘等多类型湿地,拥有众多珍稀动植物种类,2009年12月4日,国家住房和城乡建设部批准以十里河滩为主体的花溪城市湿地公园为国家城市湿地公园,是我国首个以高原喀斯特地貌为主要特征的国家城市湿地公园。

▲ 湿地公园十里河滩景区村寨旧貌

▲ 湿地公园十里河滩景区原有村寨乱扔垃圾

花溪公园—十里河滩沿花溪河而建,是花溪区重要的生态绿色空间。花溪公园山环水绕,麟山、蛇山、龟山、凤山夹着花溪河,山环水绕,生态优良。同时,还有戴安澜将军衣冠冢等多个人文景点。十里河滩湿地公园具有多样化的湿地类型、丰富的动植物资源。同时,围绕湿地,还形成了农业观光区和特色民族村寨,著名的文化地标孔学堂也坐落于此。这一带已经成为贵阳市民、花溪区当地人休闲运动、骑行参观、文化活动的重要场所。同时,优美的生态环境也吸引着越来越多的外地游客。以十里河滩景区为例,2016年旅游人数339.9万,同比增长31.74%,旅游收入

▲ 十里河滩治理后景色秀美

318.43 万元，同比增长 131.2%；2017 年旅游人数 495.74 万，同比增长 45.85%，旅游收入 696.73 万元，同比增长 118.80%；2018 年截至 12 月旅游人数 570 万，同比增长 14.98%，旅游收入 842 元，同比增长 20.85%。

以花溪公园—十里河滩为核心，花溪区在 2015—2018 年完成新建各类公园 89 个（社区公园、城市公园、山体公园、森林公园），通过公园建设，建成生态优良、环境优美、人与自然和谐的全国生态文明示范城市，按照"园区高端化、市区园林化、农村特色化、景区生态化"的理念，整体提升花溪环境质量和生态文明水平，形成"五位一体"的公园体系，奠定了花溪区生态休闲的良好格局。

二、强化花溪公园—十里河滩服务与设施，形成主客共享的重要公共休闲空间

花溪区为构建全域旅游主客共享的公共休闲空间，在花溪公园和十里河滩公园实

施了免票开放，同时为提升公园的便利化水平，花溪区重点围绕花溪公园、十里河滩湿地公园设置多样化的设施和服务，增强景区的服务功能。例如，在花溪公园憩园、十里河滩景区等地安装了视频监控系统、实现了免费 Wi-Fi 覆盖。此外，结合新媒体技术，运用 H5 的形式，将花溪公园憩园展陈的导览服务植入微信 H5 页面中，游客通过扫码即可根据导览内容参观展陈，品味花溪、感受花溪。为推进景区智慧旅游建设，提供景区智能门禁服务，降低门票检票人力成本。根据花溪公园的管理状况，安装了门禁系统等。围绕花溪公园和十里河滩湿地公园景区，设置了旅游信息咨询点等提供旅游咨询服务。这些设施和服务，大大提升了公园的便利化水平，使得这一区域成为花溪区重要的公共生态休闲空间。

三、创建花溪国家城市湿地公园，凸显花溪"大溪流、大花园"城市特色

花溪国家城市湿地公园于 2009 年 12 月由国家住房和城乡建设部批准设立。贵阳花溪国家城市湿地公园是贵州省首个国家城市湿地公园，具有生态"大氧吧"、天

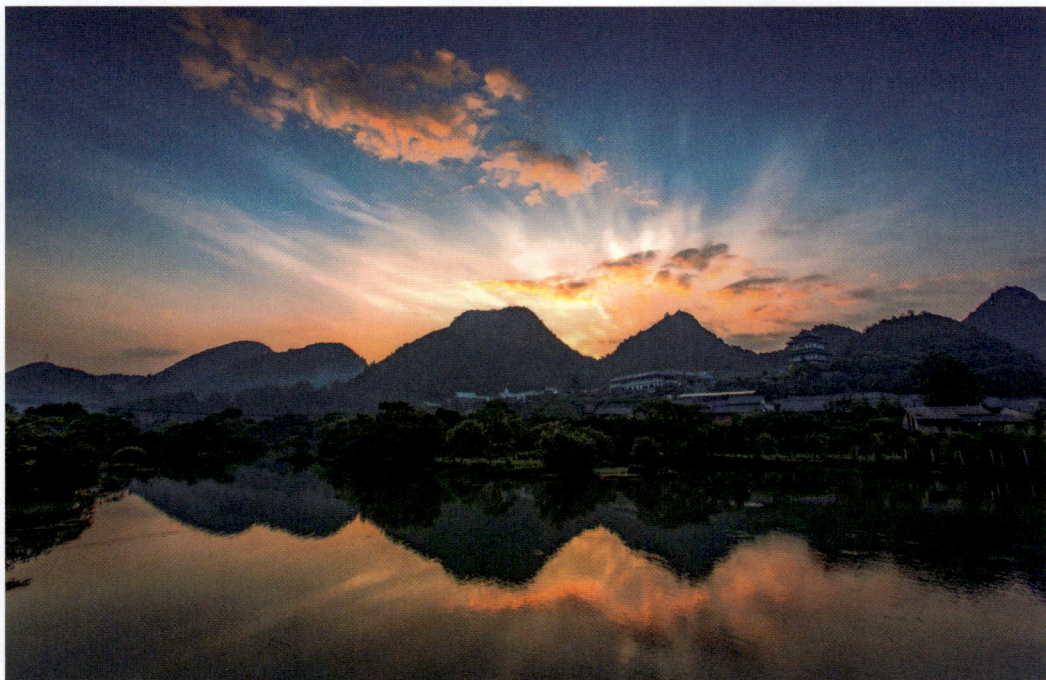

▲ 云雾缭绕十里河滩　摄影：李克平

▲ 十里河滩之晨　摄影：唐承贵

然"大空调"的美誉。湿地公园东抵大将山脚，西邻花溪大道，南至洛平新区，北至贵阳市花溪区与小河区的边界，以花溪河为纽带，串联起十里河滩、花溪公园、洛平至平桥观光农业带三个景区，还包括了大将山景区的一部分。花溪国家城市湿地公园规划总用地8.5平方千米，其中十里河滩面积2.19平方千米、山体公园面积3.9平方千米、花溪公园0.58平方千米、洛平至平桥观光农业带1.83平方千米。分为保护区和公园休闲区两个部分。保护区为花溪河水源涵养区，严格控制人类活动，公园休闲区为人们的游憩空间。

　　花溪区提出"大溪流、大花园"城市特色和生态格局，是花溪区践行"两山理论"，实现绿色发展的重要举措。花溪河地处长江、珠江分水岭地带，是贵阳市母亲河——南明河的源头地区，也是贵阳市城市饮用水的主要供应地。国家城市湿地公园建设，大大拓展了花溪区以花溪公园—十里河滩为主线的生态格局，把生态休闲同水源保护有机结合起来，凸显了花溪区"大溪流、大花园"的城市特色。

附录：主要资料、文件

《国务院办公厅关于促进全域旅游发展的指导意见》

国办发〔2018〕15 号

各省、自治区、直辖市人民政府，国务院各部委、各直属机构：

旅游是发展经济、增加就业和满足人民日益增长的美好生活需要的有效手段，旅游业是提高人民生活水平的重要产业。近年来，我国旅游经济快速增长，产业格局日趋完善，市场规模品质同步提升，旅游业已成为国民经济的战略性支柱产业。但是，随着大众旅游时代到来，我国旅游有效供给不足、市场秩序不规范、体制机制不完善等问题日益凸显。发展全域旅游，将一定区域作为完整旅游目的地，以旅游业为优势产业，统一规划布局、优化公共服务、推进产业融合、加强综合管理、实施系统营销，有利于不断提升旅游业现代化、集约化、品质化、国际化水平，更好满足旅游消费需求。为指导各地促进全域旅游发展，经国务院同意，现提出以下意见。

一、总体要求

（一）指导思想

全面贯彻党的十九大精神，以习近平新时代中国特色社会主义思想为指导，认真落实党中央、国务院决策部署，统筹推进"五位一体"总体布局和协调推进"四个全面"战略布局，牢固树立和贯彻落实新发展理念，加快旅游供给侧结构性改革，着力推动旅游业从门票经济向产业经济转变，从粗放低效方式向精细高效方式转变，从封闭的旅游自循环向开放的"旅游 +"转变，从企业单打独享向社会共建共享转变，从景区内部管理向全面依法治理转变，从部门行为向政府统筹推进转变，从单一景点景

200

区建设向综合目的地服务转变。

（二）基本原则

统筹协调，融合发展。把促进全域旅游发展作为推动经济社会发展的重要抓手，从区域发展全局出发，统一规划，整合资源，凝聚全域旅游发展新合力。大力推进"旅游＋"，促进产业融合、产城融合，全面增强旅游发展新功能，使发展成果惠及各方，构建全域旅游共建共享新格局。

因地制宜，绿色发展。注重产品、设施与项目的特色，不搞一个模式，防止千城一面、千村一面、千景一面，推行各具特色、差异化推进的全域旅游发展新方式。牢固树立绿水青山就是金山银山理念，坚持保护优先，合理有序开发，防止破坏环境，摒弃盲目开发，实现经济效益、社会效益、生态效益相互促进、共同提升。

改革创新，示范引导。突出目标导向和问题导向，努力破除制约旅游发展的瓶颈与障碍，不断完善全域旅游发展的体制机制、政策措施、产业体系。开展全域旅游示范区创建工作，打造全域旅游发展典型，形成可借鉴可推广的经验，树立全域旅游发展新标杆。

（三）主要目标

旅游发展全域化。推进全域统筹规划、全域合理布局、全域服务提升、全域系统营销，构建良好自然生态环境、人文社会环境和放心旅游消费环境，实现全域宜居宜业宜游。

旅游供给品质化。加大旅游产业融合开放力度，提升科技水平、文化内涵、绿色含量，增加创意产品、体验产品、定制产品，发展融合新业态，提供更多精细化、差异化旅游产品和更加舒心、放心的旅游服务，增加有效供给。

旅游治理规范化。加强组织领导，增强全社会参与意识，建立各部门联动、全社会参与的旅游综合协调机制。坚持依法治旅，创新管理机制，提升治理效能，形成综合产业综合抓的局面。

旅游效益最大化。把旅游业作为经济社会发展的重要支撑，发挥旅游"一业兴百业"的带动作用，促进传统产业提档升级，孵化一批新产业、新业态，不断提高旅游对经济和就业的综合贡献水平。

二、推进融合发展，创新产品供给

（四）推动旅游与城镇化、工业化和商贸业融合发展

建设美丽宜居村庄、旅游小镇、风情县城以及城市绿道、慢行系统，支持旅游综合体、主题功能区、中央游憩区等建设。依托风景名胜区、历史文化名城名镇名村、特色景观旅游名镇、传统村落，探索名胜名城名镇名村"四名一体"全域旅游发展模式。利用工业园区、工业展示区、工业历史遗迹等开展工业旅游，发展旅游用品、户外休闲用品和旅游装备制造业。积极发展商务会展旅游，完善城市商业区旅游服务功能，开发具有自主知识产权和鲜明地方特色的时尚性、实用性、便携性旅游商品，增加旅游购物收入。

（五）推动旅游与农业、林业、水利融合发展

大力发展观光农业、休闲农业，培育田园艺术景观、阳台农艺等创意农业，鼓励发展具备旅游功能的定制农业、会展农业、众筹农业、家庭农场、家庭牧场等新型农业业态，打造一二三产业融合发展的美丽休闲乡村。积极建设森林公园、湿地公园、沙漠公园、海洋公园，发展"森林人家"、"森林小镇"。科学合理利用水域和水利工程，发展观光、游憩、休闲度假等水利旅游。

（六）推动旅游与交通、环保、国土、海洋、气象融合发展

加快建设自驾车房车旅游营地，推广精品自驾游线路，打造旅游风景道和铁路遗产、大型交通工程等特色交通旅游产品，积极发展邮轮游艇旅游、低空旅游。开发建设生态旅游区、天然氧吧、地质公园、矿山公园、气象公园以及山地旅游、海洋海岛旅游等产品，大力开发避暑避寒旅游产品，推动建设一批避暑避寒度假

目的地。

（七）推动旅游与科技、教育、文化、卫生、体育融合发展

充分利用科技工程、科普场馆、科研设施等发展科技旅游。以弘扬社会主义核心价值观为主线发展红色旅游，积极开发爱国主义和革命传统教育、国情教育等研学旅游产品。科学利用传统村落、文物遗迹及博物馆、纪念馆、美术馆、艺术馆、世界文化遗产、非物质文化遗产展示馆等文化场所开展文化、文物旅游，推动剧场、演艺、游乐、动漫等产业与旅游业融合开展文化体验旅游。加快开发高端医疗、中医药特色、康复疗养、休闲养生等健康旅游。大力发展冰雪运动、山地户外运动、水上运动、汽车摩托车运动、航空运动、健身气功养生等体育旅游，将城市大型商场、有条件景区、开发区闲置空间、体育场馆、运动休闲特色小镇、连片美丽乡村打造成体育旅游综合体。

（八）提升旅游产品品质

深入挖掘历史文化、地域特色文化、民族民俗文化、传统农耕文化等，实施中国传统工艺振兴计划，提升传统工艺产品品质和旅游产品文化含量。积极利用新能源、新材料和新科技装备，提高旅游产品科技含量。推广资源循环利用、生态修复、无害化处理等生态技术，加强环境综合治理，提高旅游开发生态含量。

（九）培育壮大市场主体

大力推进旅游领域大众创业、万众创新，开展旅游创客行动，建设旅游创客示范基地，加强政策引导和专业培训，促进旅游领域创业和就业。鼓励各类市场主体通过资源整合、改革重组、收购兼并、线上线下融合等投资旅游业，促进旅游投资主体多元化。培育和引进有竞争力的旅游骨干企业和大型旅游集团，促进规模化、品牌化、网络化经营。落实中小旅游企业扶持政策，引导其向专业、精品、特色、创新方向发展，形成以旅游骨干企业为龙头、大中小旅游企业协调发展的格局。

三、加强旅游服务，提升满意指数

（十）以标准化提升服务品质。

完善服务标准，加强涉旅行业从业人员培训，规范服务礼仪与服务流程，增强服务意识与服务能力，塑造规范专业、热情主动的旅游服务形象。

（十一）以品牌化提高满意度

按照个性化需求，实施旅游服务质量标杆引领计划和服务承诺制度，建立优质旅游服务商名录，推出优质旅游服务品牌，开展以游客评价为主的旅游目的地评价，不断提高游客满意度。

（十二）推进服务智能化

涉旅场所实现免费 Wi-Fi、通信信号、视频监控全覆盖，主要旅游消费场所实现在线预订、网上支付，主要旅游区实现智能导游、电子讲解、实时信息推送，开发建设咨询、导览、导游、导购、导航和分享评价等智能化旅游服务系统。

（十三）推行旅游志愿服务

建立旅游志愿服务工作站，制定管理激励制度，开展志愿服务公益行动，提供文明引导、游览讲解、信息咨询和应急救援等服务，打造旅游志愿服务品牌。

（十四）提升导游服务质量

加强导游队伍建设和权益保护，指导督促用人单位依法与导游签订劳动合同，落实导游薪酬和社会保险制度，明确用人单位与导游的权利义务，构建和谐稳定的劳动关系，为持续提升导游服务质量奠定坚实基础。全面开展导游培训，组织导游服务技能竞赛，建设导游服务网络平台，切实提高导游服务水平。

四、加强基础配套，提升公共服务

（十五）扎实推进"厕所革命"

加强规划引导、科学布局和配套设施建设，提高城乡公厕管理维护水平，因地制宜推进农村"厕所革命"。加大中央预算内资金、旅游发展基金和地方各级政府投资对"厕所革命"的支持力度，加强厕所技术攻关和科技支撑，全面开展文明用厕宣传教育。在重要旅游活动场所设置第三卫生间，做到主要旅游景区、旅游线路以及客运列车、车站等场所厕所数量充足、干净卫生、实用免费、管理有效。

（十六）构建畅达便捷交通网络

完善综合交通运输体系，加快新建或改建支线机场和通用机场，优化旅游旺季以及通重点客源地与目的地的航班配置。改善公路通达条件，提高旅游景区可进入性，推进干线公路与重要景区连接，强化旅游客运、城市公交对旅游景区、景点的服务保障，推进城市绿道、骑行专线、登山步道、慢行系统、交通驿站等旅游休闲设施建设，打造具有通达、游憩、体验、运动、健身、文化、教育等复合功能的主题旅游线路。鼓励在国省干线公路和通景区公路沿线增设观景台、自驾车房车营地和公路服务区等设施，推动高速公路服务区向集交通、旅游、生态等服务于一体的复合型服务场所转型升级。

（十七）完善集散咨询服务体系

继续建设提升景区服务中心，加快建设全域旅游集散中心，在商业街区、交通枢纽、景点景区等游客集聚区设立旅游咨询服务中心，有效提供景区、线路、交通、气象、海洋、安全、医疗急救等信息与服务。

（十八）规范完善旅游引导标识系统

建立位置科学、布局合理、指向清晰的旅游引导标识体系，重点涉旅场所规范使用符合国家标准的公共信息图形符号。

五、加强环境保护，推进共建共享

（十九）加强资源环境保护

强化对自然生态、田园风光、传统村落、历史文化、民族文化等资源的保护，依法保护名胜名城名镇名村的真实性和完整性，严格规划建设管控，保持传统村镇原有肌理，延续传统空间格局，注重文化挖掘和传承，构筑具有地域特征、民族特色的城乡建筑风貌。倡导绿色旅游消费，实施旅游能效提升计划，降低资源消耗，推广使用节水节能产品和技术，推进节水节能型景区、酒店和旅游村镇建设。

（二十）推进全域环境整治

积极开展主要旅游线路沿线风貌集中整治，在路边、水边、山边、村边开展净化、绿化、美化行动，在重点旅游村镇实行改厨、改厕、改客房、整理院落和垃圾污水无害化、生态化处理，全面优化旅游环境。

（二十一）强化旅游安全保障

组织开展旅游风险评估，加强旅游安全制度建设，按照职责分工强化各有关部门安全监管责任。强化安全警示、宣传、引导，完善各项应急预案，定期组织开展应急培训和应急演练，建立政府救助与商业救援相结合的旅游救援体系。加强景点景区最大承载量警示、重点时段游客量调控和应急管理工作，提高景区灾害风险管理能力，强化对客运索道、大型游乐设施、玻璃栈道等设施设备和旅游客运、旅游道路、旅游节庆活动等重点领域及环节的监管，落实旅行社、饭店、景区安全规范。完善旅游保险产品，扩大旅游保险覆盖面，提高保险理赔服务水平。

（二十二）大力推进旅游扶贫和旅游富民

大力实施乡村旅游扶贫富民工程，通过资源整合积极发展旅游产业，健全完善"景区带村、能人带户"的旅游扶贫模式。通过民宿改造提升、安排就业、定点采购、输送客源、培训指导以及建立农副土特产品销售区、乡村旅游后备箱基地等方式，增加贫困村集体收入和建档立卡贫困人口人均收入。加强对深度贫困地区旅游资源普查，完善旅游扶贫规划，指导和帮助深度贫困地区设计、推广跨区域自驾游等精品旅游线路，提高旅游扶贫的精准性，真正让贫困地区、贫困人口受益。

（二十三）营造良好社会环境

树立"处处都是旅游环境，人人都是旅游形象"理念，面向目的地居民开展旅游知识宣传教育，强化居民旅游参与意识、形象意识和责任意识。加强旅游惠民便民服务，推动博物馆、纪念馆、全国爱国主义教育示范基地、美术馆、公共图书馆、文化馆、科技馆等免费开放。加强对老年人、残疾人等特殊群体的旅游服务。

六、实施系统营销，塑造品牌形象

（二十四）制定营销规划

把营销工作纳入全域旅游发展大局，坚持以需求为导向，树立系统营销和全面营销理念，明确市场开发和营销战略，加强市场推广部门与生产供给部门的协调沟通，实现产品开发与市场开发无缝对接。制定客源市场开发规划和工作计划，切实做好入境旅游营销。

（二十五）丰富营销内容

进一步提高景点景区、饭店宾馆等旅游宣传推广水平，深入挖掘和展示地区特色，做好商贸活动、科技产业、文化节庆、体育赛事、特色企业、知名院校、城乡社区、乡风民俗、优良生态等旅游宣传推介，提升旅游整体吸引力。

（二十六）实施品牌战略

着力塑造特色鲜明的旅游目的地形象，打造主题突出、传播广泛、社会认可度高的旅游目的地品牌，建立多层次、全产业链的品牌体系，提升区域内各类旅游品牌影响力。

（二十七）完善营销机制

建立政府、行业、媒体、公众等共同参与的整体营销机制，整合利用各类宣传营销资源和渠道，建立推广联盟等合作平台，形成上下结合、横向联动、多方参与的全域旅游营销格局。

（二十八）创新营销方式

有效运用高层营销、网络营销、公众营销、节庆营销等多种方式，借助大数据分析加强市场调研，充分运用现代新媒体、新技术和新手段，提高营销精准度。

七、加强规划工作，实施科学发展

（二十九）加强旅游规划统筹协调

将旅游发展作为重要内容纳入经济社会发展规划和城乡建设、土地利用、海洋主体功能区和海洋功能区划、基础设施建设、生态环境保护等相关规划中，由当地人民政府编制旅游发展规划并依法开展环境影响评价。

（三十）完善旅游规划体系

编制旅游产品指导目录，制定旅游公共服务、营销推广、市场治理、人力资源开发等专项规划或行动方案，形成层次分明、相互衔接、规范有效的规划体系。

（三十一）做好旅游规划实施工作

全域旅游发展总体规划、重要专项规划及重点项目规划应制定实施分工方案与细则，建立规划评估与实施督导机制，提升旅游规划实施效果。

八、创新体制机制，完善治理体系

（三十二）推进旅游管理体制改革

加强旅游业发展统筹协调和部门联动，各级旅游部门要切实承担起旅游资源整合与开发、旅游规划与产业促进、旅游监督管理与综合执法、旅游营销推广与形象提升、旅游公共服务与资金管理、旅游数据统计与综合考核等职责。发挥旅游行业协会自律作用，完善旅游监管服务平台，健全旅游诚信体系。

（三十三）加强旅游综合执法

建立健全旅游部门与相关部门联合执法机制，强化涉旅领域执法检查。加强旅游执法领域行政执法与刑事执法衔接，促进旅游部门与有关监管部门协调配合，形成工作合力。加强旅游质监执法工作，组织开展旅游执法人员培训，提高旅游执法专业化和人性化水平。

（三十四）创新旅游协调参与机制

强化全域旅游组织领导，加强部门联动，建立健全旅游联席会议、旅游投融资、旅游标准化建设和考核激励等工作机制。

（三十五）加强旅游投诉举报处理

建立统一受理旅游投诉举报机制，积极运用"12301"智慧旅游服务平台、"12345"政府服务热线以及手机 App、微信公众号、咨询中心等多种手段，形成线上线下联动、高效便捷畅通的旅游投诉举报受理、处理、反馈机制，做到及时公正，规范有效。

（三十六）推进文明旅游

加强文明旅游宣传引导，全面推行文明旅游公约，树立文明旅游典型，建立旅游不文明行为记录制度和部门间信息通报机制，促进文明旅游工作制度化、常态化。

九、强化政策支持，认真组织实施

（三十七）加大财政金融支持力度

通过现有资金渠道，加大旅游基础设施和公共服务设施建设投入力度，鼓励地方统筹相关资金支持全域旅游发展。创新旅游投融资机制，鼓励有条件的地方设立旅游产业促进基金并实行市场化运作，充分依托已有平台促进旅游资源资产交易，促进旅游资源市场化配置，加强监管、防范风险，积极引导私募股权、创业投资基金等投资各类旅游项目。

（三十八）强化旅游用地用海保障

将旅游发展所需用地纳入土地利用总体规划、城乡规划统筹安排，年度土地利用计划适当向旅游领域倾斜，适度扩大旅游产业用地供给，优先保障旅游重点项目和乡村旅游扶贫项目用地。鼓励通过开展城乡建设用地增减挂钩和工矿废弃地复垦利用试点的方式建设旅游项目。农村集体经济组织可依法使用建设用地自办或以土地使用权入股、联营等方式开办旅游企业。城乡居民可以利用自有住宅依法从事民宿等旅游经营。在不改变用地主体、规划条件的前提下，市场主体利用旧厂房、仓库提供符合全域旅游发展需要的旅游休闲服务的，可执行在五年内继续按原用途和土地权利类型使用土地的过渡期政策。在符合管控要求的前提下，合理有序安排旅游产业用海需求。

（三十九）加强旅游人才保障

实施"人才强旅、科教兴旅"战略，将旅游人才队伍建设纳入重点人才支持计划。大力发展旅游职业教育，深化校企合作，加快培养适应全域旅游发展要求的技术技能人才，有条件的县市应积极推进涉旅行业全员培训。鼓励规划、建筑、设计、艺术等各类专业人才通过到基层挂职等方式帮扶指导旅游发展。

（四十）加强旅游专业支持

推进旅游基础理论、应用研究和学科体系建设，优化专业设置。推动旅游科研单位、旅游规划单位与国土、交通、住建等相关规划研究机构服务全域旅游建设。强化全域旅游宣传教育，营造全社会支持旅游业发展的环境氛围。增强科学技术对旅游产业发展的支撑作用，加快推进旅游业现代化、信息化建设。

　　各地区、各部门要充分认识发展全域旅游的重大意义，统一思想、勇于创新，积极作为、狠抓落实，确保全域旅游发展工作取得实效。国务院旅游行政部门要组织开展好全域旅游示范区创建工作，会同有关部门对全域旅游发展情况进行监督检查和跟踪评估，重要情况及时报告国务院。

国务院办公厅

2018 年 3 月 9 日

参考文献

［1］ 戴学锋. 全域旅游：实现旅游引领全面深化改革的重要手段［J］. 旅游学刊，2016（9）.

［2］ 戴学锋. 发展全域旅游要找准关键突破口［N］. 中国旅游报，2016-09-16.

［3］ 胡馨月，唐洪刚，等. 对传统村寨街巷空间形态的探讨——以贵阳市花溪区镇山村布依族村寨为例［J］. 四川建材，2014（2）.

［4］ 杨旭. 浅析贵阳市花溪区的河西民族关系构建［J］. 贵州民族大学学报（哲学社会科学版），2013（10）.

［5］ 詹燕. 城乡面貌展新颜百姓共享改革红利——改革开放40年花溪区经济社会发展综述［N］. 贵阳日报，2018-12-29.

［6］ 汪圣洪. 贵阳花溪区生态旅游气候资源评价及其利用［J］. "S7气候环境表换与人体健康"会议，2012（9）.

［7］ 邓卫红. 城镇化进程中的少数民族文化传承与保护——以贵阳市花溪区为例［J］. 贵州民族研究，2014（9）.

［8］ Perroux,F. Economic Space:Theory and Applications［J］. The QuarterlyJournal of Economics,1950,60(1).

［9］ Hirshman,A.O. The Strategy ofEconomic Development［M］.New Haven: Yale University Press,1958.

［10］ KRUGMAN P. IncreasingReturns and Economic Geography［J］. TheJournal of Political Economy,1991,99(3).

［11］ 埃比尼泽·霍华德著，金经元译. 明日的田园城市［M］. 北京：商务印书馆，2010.

［12］ 陆大道. 关于"点—轴"空间结构系统的形成机理分析［J］. 地理科学，2002（12）.

［13］ 冯燕，朱晓玲，杨洁明. 基于"点—轴"理论的新疆旅游业空间结构研究［J］. 资源开

发与市场，2016（7）.

［14］周叔莲，魏后凯. 网络开发：我国21世纪区域经济发展应采取的战略［J］. 经济管理，1999（11）.

［15］山泽逸平. 亚洲太平洋经济论——21世纪行动计划建议（中译本）［M］. 上海：上海人民出版社，2001.

［16］车维."雁形形态"理论及实证研究综述［J］. 经济学动态，2004（11）.

［17］杨宏恩."雁行模式"的变化和政策建议［J］. 学术界，2006（3）.

［18］厉新建，张凌云，崔莉. 全域旅游：建设世界一流旅游目的地的理念创新——以北京为例［J］. 人文地理，2013（3）.

［19］张辉，岳燕祥. 全域旅游的理性思考［J］. 旅游学刊，2016（9）.

［20］郭毓洁，陈怡宁. 全域旅游的旅游空间经济视角［J］. 旅游学刊，2016（9）.

［21］石培华. 如何认识与理解全域旅游［N］. 中国旅游报，2016-02-03.

［22］杨振之. 全域旅游的内涵及其发展阶段［J］. 旅游学刊，2016（12）.

［23］何建民. 旅游发展的理念与模式研究：兼论全域旅游发展的理念与模式［J］. 旅游学刊，2016（12）.

后 记

　　"真山真水到处是，花溪布局更天然。十里河滩明如镜，几步花圃几农田。"这是1959年陈毅元帅在花溪时对花溪景色的赞誉。"大花园、大溪流"这是花溪全域旅游示范区的突出特色，也是初入花溪的人，对花溪最直接的感受。自2018年年底到花溪调研开始，至今历时十月有余，经过对花溪社会、经济、文化、旅游的全方位学习、梳理和研究，花溪的美景时刻萦绕脑际，花溪的朋友越来越多，花溪的动态时刻牵引我的注意，花溪的成绩不断让我惊艳……

　　在这本书付梓之际，我要衷心感谢戴学锋研究员玉成此事，也感谢他在书籍撰写和修改中给出中肯的建议。同时，我也要感谢花溪文化旅游创新区管委会的各位领导和同志，这本书和他们前期的辛勤工作是分不开的。在与他们近一年的交往中，我们结下了深深的友谊。我也时刻被他们热情、高效、仔细、认真的工作态度所感染。下乡调研时的认真讲解、开座谈会时的坦诚直言、每次提供资料时的高效及时、甚至每一幅图片都经过反复确认……在频繁的交流和碰撞中，让我感到他们意气风发、朝气蓬勃的精神风貌，这样的工作态度和能力，也让我更加期待花溪美好的明天！

　　最后，还要感谢南开大学经济研究所冯素洁副研究员的帮助以及刘阳和万慧慧硕士研究生在基础数据梳理方面所做的大量工作。这本书能够出版，特别感谢中国旅游出版社王丛和张旭两位的辛勤付出。花溪全域旅游异彩纷呈、包罗万千，书中挂一漏万，难免有所疏漏，也请各位多提批评意见。

马聪玲

2019 年 10 月 14 日于万柳

责任编辑：张　旭
责任印制：冯冬青
封面设计：中文天地

图书在版编目（CIP）数据

全域旅游的花溪发展模式研究 / 马聪玲著 . —— 北京：
中国旅游出版社 , 2019.10
（全域旅游创新模式研究 / 戴学锋主编）
ISBN 978-7-5032-6365-1

Ⅰ.①全…　Ⅱ.①马…　Ⅲ.①地方旅游业 – 旅游业发
展 – 发展模式 – 研究 – 贵阳　Ⅳ.① F592.773.1

中国版本图书馆 CIP 数据核字（2019）第 213160 号

书　　　名：全域旅游的花溪发展模式研究

作　　　者：马聪玲　著
出版发行：中国旅游出版社
　　　　　　（北京建国门内大街甲 9 号　邮编：100005）
　　　　　　http://www.cttp.net.cn　E-mail:cttp@mct.gov.cn
　　　　　　营销中心电话：010-85166536
排　　　版：北京中文天地文化艺术有限公司
印　　　刷：北京金吉士印刷有限责任公司
版　　　次：2019 年 10 月第 1 版　2019 年 10 月第 1 次印刷
开　　　本：787 毫米 ×1092 毫米　1/16
印　　　张：13.5
字　　　数：298 千
定　　　价：78.00 元
ＩＳＢＮ　　978-7-5032-6365-1